浙江工商大学杭州商学院院长江涛

日新维志，不负母校厚望
砥砺奋进，共创和美杭商

江涛

浙江工商大学杭州商学院院长江涛寄语

浙江工商大学杭州商学院党委书记傅玉颖

浙江工商大学杭州商学院党委书记傅玉颖寄语

浙江工商大学杭州商学院桐庐校区航拍图

浙江工商大学杭州商学院桐庐校区

桐庐校区风雨操场

桐庐校区可名湖畔

桐庐校区塘垮山喈鸣亭

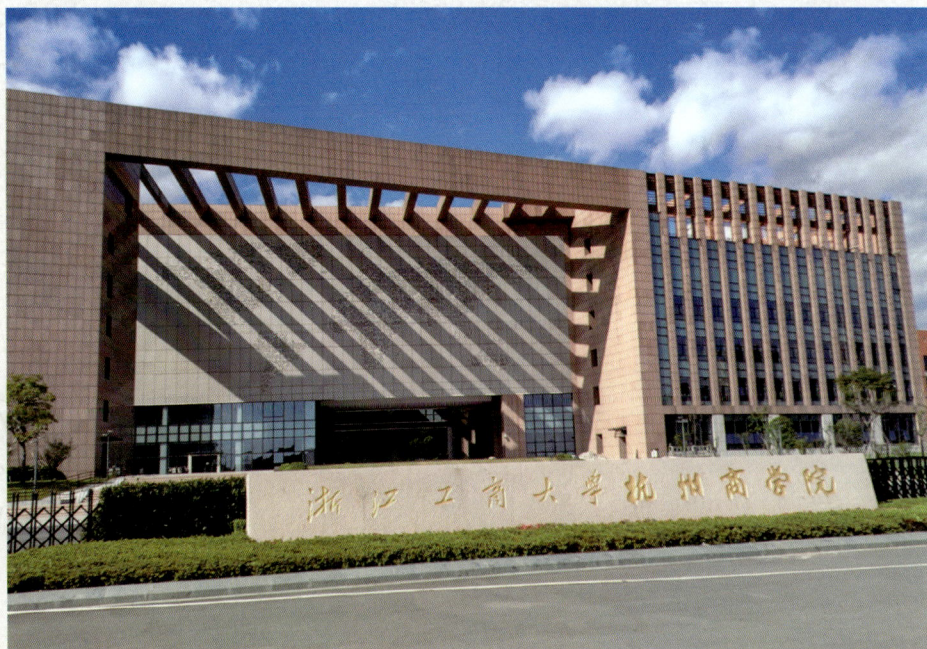

桐庐校区图书馆

浙江工商大学杭州商学院教工路校区

教工路校区浙商博物馆

浙江工商大学下沙校区综合楼

下沙校区图书馆

杭州校友会大会合影

嘉兴校友会大会合影

宁波校友会大会合影

绍兴校友会大会合影

台州校友会大会合影

温州校友会大会合影

安徽校友会大会合影

党委副书记狄瑞波（右四）一行走访明日控股集团（校友企业）

党委副书记狄瑞波（右二）一行走访明日控股集团（校友企业）

党委副书记狄瑞波（左二）一行走访华侨控股集团（校友企业）

党委副书记狄瑞波（左四）一行走访华侨控股集团（校友企业）

寻甄记者团校友寻访活动杭州站——法学专业 2011 届毕业生周伊莎（中）

寻甄记者团校友寻访活动杭州站——资源环境与城乡规划管理专业 2012 届毕业生杨溢（左二）

寻甄记者团校友寻访活动杭州站——市场营销专业 2013 届毕业生陈杰（中）

寻甄记者团校友寻访活动温州站——市场营销专业 2013 届毕业生赵一翔（右一）

寻甄记者团校友寻访活动嘉兴站——资源环境与城乡规划管理专业 2014 届毕业生池韦婕(中)

寻甄记者团校友寻访活动嘉兴站——会计学专业 2014 届毕业生柳源（中）

廿载韶华
最忆杭商

主编 傅玉颖

浙江工商大学杭州商学院
建院二十周年校友风采集

浙江工商大学出版社 | 杭州
ZHEJIANG GONGSHANG UNIVERSITY PRESS

图书在版编目(CIP)数据

廿载韶华,最忆杭商:浙江工商大学杭州商学院建院二十周年校友风采集 / 傅玉颖主编. —杭州:浙江工商大学出版社,2019.10

ISBN 978-7-5178-3495-3

Ⅰ.①廿… Ⅱ.①傅… Ⅲ.①浙江工商大学杭州商学院—校友—访问记 Ⅳ.①K820.7

中国版本图书馆 CIP 数据核字(2019)第214776号

廿载韶华,最忆杭商

浙江工商大学杭州商学院建院二十周年校友风采集

NIANZAI SHAOHUA,ZUIYI HANGSHANG

ZHEJIANG GONGSHANG DAXUE HANGZHOU SHANGXUEYUAN JIANYUAN

ERSHI ZHOUNIAN XIAOYOU FENGCAIJI

傅玉颖 主编

出 品 人	鲍观明
责任编辑	尹 洁
责任校对	吴岳婷
封面设计	林朦朦
责任印制	包建辉
出版发行	浙江工商大学出版社
	(杭州市教工路198号 邮政编码310012)
	(E-mail:zjgsupress@163.com)
	(网址:http://www.zjgsupress.com)
	电话:0571-89995993,89991806(传真)
排 版	杭州朝曦图文设计有限公司
印 刷	杭州高腾印务有限公司
开 本	710mm×1000mm 1/16
印 张	20.25
字 数	289千
版 印 次	2019年10月第1版 2019年10月第1次印刷
书 号	ISBN 978-7-5178-3495-3
定 价	76.00元

编委会

序

　　思杏坛植林,西子英才齐聚;望钓台放歌,富春群贤雅至。时光荏苒,浙江工商大学杭州商学院在岁月的长河中走过二十年,韶华英发,在满目金秋的收获季节喜迎二十华诞。二十芳华,青春正茂,是人生最美好的时光。同样,杭州商学院也正是青春逼人、朝气蓬勃。二十载,阳光风雨相交织,激情与理智共交融,杭商人谱写了一曲与时代同呼吸、以创新创业为基调、以发展奋进为主线的华丽乐章。

　　1999年8月,杭州商学院国际经贸学院诞生于中国教育变革发展的世纪之交,肩负起培养新世纪商科人才的历史重任。2004年11月,杭州商学院升格为浙江工商大学后,"杭州商学院"这一饱含历史厚度与文化底蕴的校名就传承给了国际经贸学院,开启了"浙江工商大学杭州商学院"的新征程。从西子湖畔到钱塘江岸,再到2014年10月8日桐庐校区启用,一个美丽校区坐落在了富春江畔。

　　国家当富强,始基端在商。杭州商学院传承了百年商大的文脉与学脉,流淌着百年商大的文化基因。二十载春华秋实,不忘初心;二十年筚路蓝缕,砥砺前行。杭商人秉承"诚毅勤朴"的校训,锐意改革,开拓进取,努力建成特色鲜明的高水平应用型大学。学院坚持"应用型、创新型、区域化、国际化"的办学定位，走"开放、融合、卓越"的发展战略，以提升学生"人文精神、职业素养、创新意识、国际视野、专业技能"等五大能力为目标，致力于培养服务于新时代的创新型应用型新商科人才。目前杭州商学院在中国高水平独立学院排行榜上已名列前茅。

汤之《盘铭》曰："苟日新，日日新，又日新。"二十年来，杭商蕴藉真诚之心、挚爱之情，齐心协力，推进教育事业快速发展。弱冠之年的杭商，从西子湖畔启航，扬帆钱塘江滨，再扎根潇洒桐庐。二十个春秋，多少杭商学子，已成为初露头角的国家之材、社会之梁、创业之星……他们，都有着共同的名字——"杭商人"。杭商人的精神，是以诚为灯，坚持弘毅笃行；是以勤为径，厉行抱朴归真。

韶华二十载，满载诚与爱。值此二十年院庆之际，杭州商学院特成立校友寻访队，利用暑期社会实践契机走访了数百名杭商校友，并将其中部分抑或奋斗砥砺，抑或开拓创新，抑或初心永驻，抑或赤诚奉献的"杭商故事"汇集成册，呈现杭商桃李芳华之果实。本书记载近六十位杭商学子成长历程、事业成就与母校记忆，按毕业顺序介绍了这些学子毕业后的事业发展以及当年的校园生活、师生情谊与青春记忆，还有对于母校发展的真诚祝愿。文章读来倍感亲切，一切好像发生在昨天。感谢学生记者的辛勤采访与文字撰写，也感谢编者的润色与完善。这些稿件直白中充满了真诚，稚嫩中浸透了挚爱。相信其中的青春活力与远大梦想会让读者有所触动。

廿载韶华，最忆杭商。登上塘埠山顶，可品杭商之和美：衔远山，吞富春，漫江碧透，横无际涯；朝晖夕阴，气象万千。观乎校内，喈鸣为亭，筑廊归云，湖景可名，清泉为心。我们有理由相信，建设新时代商科名校的格局已经形成，我们相信并祝愿杭州商学院明天更美好！

是为序。

浙江工商大学校长

浙江工商大学杭州商学院董事长　　陳壽燦

二〇一九年九月　写于看山居

目 录

朱正锋

／
　／
　　／

2004 年 7 月毕业于浙江工商大学
杭州商学院法学专业。第五届拱墅区
政协委员,浙江省青年企业家,入选第
十三届"最美杭州人——十大杰出青
年"。浙江钛合控股有限公司和阿克
苏丰果农业电子商务专业合作社创始
人。合作社现有200余名社员,种植土
地20000多亩,直接或间接解决农户就
业3000—5000人,带领合作社获过"互
联网十农业产业链"示范企业等多种
荣誉,各级领导多次莅临指导、视察并
给予肯定,被中央各级媒体多次报道。

创业者的"眼高手低"

——记法学专业2004届毕业生朱正锋

朱正锋说:"我将一个贬义的词'眼高手低'褒用,就是你的眼界、你的理想目标一定要到天上去,你的手一定要到地上来。要成为一个什么样的人,具体说来比较模糊没关系,但首先要立志高远,做一个对社会有贡献的人;做好眼前一定要做的,手低到地上来,在不断实践中思考、判断。走哪条路都没关系,必须告诉自己要成为不平凡的人。"

浙江钛合控股集团董事长、浙江工商大学杭州商学院(以下简称"杭商院")法学专业2004届毕业生朱正锋,以"眼高手低"来解答我们关于创业之路的疑惑,也总结了他关于如何走出一条成功的人生道路的经验。

成年人的抉择

朱正锋最初就读的是工科,但他在学习中发现自己更倾向以人文思维来改变社会,在图书馆阅读了大量人文社科类书籍之后,便更加确定了自己的理想,于是毅然决然地退了学,重新参加高考。朱正锋认为,法学不过分感性,十分追求逻辑,他坚信法学是社会治理的重要手段,于是在所有的志愿上都填上了法学。

被问及做这股子抉择的考虑时,朱正锋表示,学校并非最重要的,重要的是你自身想干什么,你想成为什么样的人。胸中怀有高到"天上"的抱负的他,实现自我的第一步,也是真正踏到尘埃里的第一步,就是退学。他没有犹疑,没有在对未来的思索中迷失。正如他所说:"走哪条路没关系,必须告诉自己要成为不平凡的人,然后就去干。"

朱正锋在大学期间一直十分优秀,从院学生会主席、校学生会主席当到浙江省学联执行主席,毕业后留校担任团委老师。回忆起留校担任团委老师的这段经历,他说这是他最开心的时光,可以和同学们探讨人生话题。

有一日,他学化学的同学过来找他,说要一起创业。朱正锋问为什么,同学回答:"法学可以改变社会生活,化学却可以改变人类生活。"一直想有一番作为的朱正锋又对自己的人生做了一次大抉择、大修改。少年自有凌云志,读书岂为稻粱谋。于是一个和蔼可亲、能言善思的团委老师辞职了;一个致力于打造全球最顶尖的空气洁净科技智造公司的创始人,开始了他的另一番灿烂人生。

朱正锋(左一)带领采访者参观企业展厅

当提及他的父母对于退学和辞职创业的态度时，朱正锋说，其实他做这些决定时父母并不知情。一个成年人，在进行广博的阅读、深入的思考、亲身实践之后，产生了独立的想法，并且拥有对倾听内心的声音之后做出的选择负责到底的决心时，可以遵从自己内心的选择。但他同时表示，自己只是一个剑走偏锋的例子。

你想成为什么样的人，你自己决定，天高任鸟飞。同样地，该你做的事情也必须是一步一个脚印地去做，这才是一个"眼高手低"的成年人该有的人生态度。

企业家的作为

"撸起袖子加油干"的理念，朱正锋在短短一小时内反复提及，可见他对"实践"二字的坚持。他也成功地将学生时期担任班长、毕业后担任团委老师等职务时一呼百应的领导气质和实干精神延续到了企业管理中来。

阿克苏丰果农业电子商务专业合作社农产品展示

我们一直有一个疑惑,为什么朱正锋选择了新疆并开展了销售农产品的援疆计划? 朱正锋笑着说,其实在援助之余也有很大现实意义上的考虑。在经历过2008年金融危机和创业的几次失败后,他对企业的经营更为慎重,进行援疆计划也是为了保障企业的生存,选择了一个与过去十年摸爬滚打的工业废气治理行业毫不相关的领域,恰逢有亲戚在新疆并推荐了那里的农产品,经过调研后他发现援疆计划确实可行。这种多领域的拓展又正好契合了他"不能把鸡蛋放在同一个篮子里"的理念。企业家的身份提醒着朱正锋,要确保能够养活员工是最实在的事。

"互联网+"的农产品经营模式大获成功,朱正锋谈到未来科技对生活的改变时,也明确了之后的"互联网(物联网)+"模式。正如朱正锋所说,创业没有固定的模式,要学会为自己定准则,凭着拼命三郎的精神不断探索实践,总有一个方向是通往成功的,重要的是干和努力干。他还拿《钢铁是怎样炼成的》中保尔·柯察金的名言"人的一生应当这样度过:当他回首往事的时候,他不会因为虚度年华而悔恨,也不会因为碌碌无为而羞愧"来和我们共勉。

社会人的追求

"让人类喝上干净的水,呼吸上新鲜的空气"是朱正锋的愿景和使命。鲜有人把看似这么理想化的愿景作为公司经营的使命,而他凭着这种使命感选择了"智造国货"这条道路,希望自己因空气不再需要治理而"破产"。让原本用于工业领域的顶级技术屈身服务民用市场,钛合智造更像是在实现一个"智造国货"的梦想:数百项专利技术发明本可以让钛合智造在企业级市场大有"钱途",可他却偏偏选择投身大众亲民的消费级市场。

他坦言中国在工业和企业级领域有很多专业技术在国际上都是领先的,但只有真正将这些领先技术引入民用领域,才能让普通的中国人体会到"中国智造",至少他要凭借自己的努力让空气净化器这个行业回归初心,让消费者不要为那些浑水摸鱼的企业所蒙蔽。

　　朱正锋不擅长广告宣传，不用专业概念去忽悠消费者，期望消费者能够为实实在在的空气净化效果买单。除了企业家的身份，朱正锋更多的是梦想成为的那个"不平凡的自己"，至少要在某一领域为社会做出贡献，不给社会添麻烦。

　　对于一个个还徘徊在岔路口的创业者，或许会困惑接下来的路该走向何方，在朱正锋的讲述中，他选择把握住自己的大理想，然后去实践、去干，和走上一条路并思考，而不是徘徊在起点迷茫。"做一个'眼高'的人，拥有大情怀、大格局和大视野；做一个'手低'的人，付出不亚于任何人的努力。"这是朱正锋给我们精辟而恳切的寄语。

采访记者：肖　悦　朱永莉　方佳银　易　璇

傅 杰

/ / /

2006 年 7 月毕业于浙江工商大学杭州商学院国际经济与贸易专业,曾任学院学生会主席。现就职于浙江明日控股集团股份有限公司,任总经理助理曾任道普(厦门)石化有限公司董事长。

十三载磨砺而利剑出

——记国际经济与贸易专业2006届毕业生傅杰

傅杰在大学毕业后就加入了浙江明日控股集团,在这一中国塑化领域的龙头企业已经耕耘十三年之久。在谈及自己的工作时,傅杰说自己的初心始终未变,十三年的磨砺已经让一个初出校园的毛头小子蜕变成了一名精明干练的管理者。

晓时务而精于勤——他是管理班子的中流砥柱

对傅杰而言,初入职场已是十三年前的事了,但从一个普通的业务员慢慢走到如今的职位,这十三年的奋斗经历还依稀在眼前,好似发生在昨日。在这十三年里傅杰经历了很多,失去了许多,当然也得到了许多。"宝剑锋从磨砺出,梅花香自苦寒来"。如今的一切都是他从底层做起、在摸爬滚打中得来的。十三年的磨砺在他看来,与其说是漫长的煎熬,不如说是一种宝贵的财富。也正是因为有了前面几年的磨砺,才得如今的百炼成钢。他将自己完全投入公司的事务之中,他笑道,自己已经没有时间天天跑向健身房。虽然公司很忙,他却依然要感恩现在的一切。

入行十三载,傅杰已是浙江明日控股集团股份有限公司总经理助理、道普(厦门)石化有限公司董事长。作为公司管理团队的中流砥柱,傅杰深知企业文化对于一个企业的重要性。傅杰认为,企业文化在团队的建设中起到了很大的作用。作为一个团队,只有团队成员认同企业文化,才能将个人的目标与企业目标相结合,劲往一处使,方能获取成功。如今的傅杰手下有着近百人的庞大团队,却仍能有效管理,他巧妙地运用分层管理的方式,充分发挥员工的主动性和积极性。

傅杰工作照

一个企业的发展离不开新鲜血液的注入,对于新员工的培养,傅杰有着自己的独特看法。傅杰说,公司目前实行老业务员带新业务员的导师制度,由导师给新员工写评语。在他眼中,实习生的实习是一个双向选择的过程,实习生观察公司的氛围和对于人才培养的重视程度;公司也观察员工的能力,发挥员工主观能动性,不仅是促进了员工个人的成长,也是在为企业挑选更好的人才。作为一个领导者,他总是有办法在团队中将每个人的优点发挥到极致,知晓如何调动团队的积极性。

忆往昔峥嵘岁月稠——大学如企业，企业亦如大学

回忆起当学生时代，傅杰感叹，在学院学生会担任主席的那几年为他的职业生涯带来了巨大的帮助。在他看来，大学四年的时间是个人能力成长的关键时期。在大学的学生干部生涯中，许多经历都是对他能力的挑战。傅杰回想起曾组织策划过的一次英语角活动，曾无数次拿着自己的策划方案往当地电台跑，向陌生人推销自己的方案，希望电台能帮忙宣传。那段艰辛而充实的岁月到现在仍历历在目。傅杰说，大部分情况下，职场的工作就像是学生工作的延续，本质上并没有很大的区别，唯一的区别就是当年的青葱岁月多了一些单纯、少了一些职场利益观念。

初入公司时，他从公司底层业务员开始干。对于一个以业务为主的公司而言，业务员主要通过打电话来开拓市场。这就如当时拿着策划书向陌生人推销一般，作为一个业务新人，需要的不仅仅是胆识，此时的他推销的也不再是自己的方案，更是一个企业的门面。他以一个新人的身份去面对一些已经负责工厂十几年生意的老板，但在接触交流的过程中又不能透露出新人的稚嫩和胆怯，他要学会如何让自己的形象成熟化，让自己更加老练。

企业对傅杰来说亦如大学，在企业他学到了很多，也提升了许多。很多人都以为大学结束后就无须埋头于书籍之中，但傅杰深知大学结束后，真正的学习才刚刚开始。在公司，他克服了自己的惰性。初入企业时，领导曾交代在一定期限内要向客户拨打规定次数的电话，当时的傅杰还是一个刚入职半年的新人，在领导抽查时他没有及时完成任务，即使是一个日常关照自己、和蔼可亲的领导，也少不了对他一顿臭骂。他在领导的训骂中清醒，从此便沉下心来脚踏实地走自己的职场道路。"一个好的领导能够带领你，指正你发生的一些错误，然后包容你纠正你，做你的领路人。"在说起自己一路走来的良师益友时，傅杰总不忘提起自己的这位老领导。

病树前头万木春——身陷低谷仍存希望

在职场中驰骋多年,面对业务变化或是体制架构的变革等各方面压力时,傅杰也早已练就了自我情绪管理等各方面的本领。

傅杰参加 2019 中国塑料产业大会并做报告

作为企业的管理者、引领者,傅杰早已把压力和困难当成了挑战。刚毕业两年的他便遇到了 2008 年的金融危机。在面对 2017 年行业格局变化时,他正带领着一个更大的团队,也同时背负着更大的压力。在当时的危机中,面临大批员工失业、中小企业破产的困境,傅杰并未感到恐惧惊慌,而是不慌不乱地带领着他的班子前进,他也明白唯有将困难与压力当作挑战和发展机会才能前行。但在经历金融危机之后,他也更加清楚地认识到"道在日新,艺亦须日新,新者生机也,不新则死"。对于一个企业来说,想在危机中生存到最后,就要顺应市场需求以及时代潮流。在面对困难之时,要通过不断的学习和创新,来适应行业的发展趋势。

如今,傅杰仍然会因为当初在公司快速发展期进入团队而感到无比幸运。所谓时势造英雄,英雄亦造时势。傅杰目前正带领着他的团队砥砺前行。

采访记者:王甄迪　林志鑫

阮善兵

/ / /

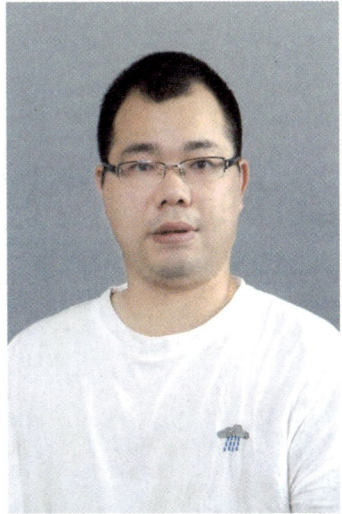

2008 年 7 月毕业于浙江工商大学杭州商学院财务管理专业。现任台州天乙企业代理有限公司总经理。

给你的人生定好位
——记财务管理专业2008届毕业生阮善兵

毕业已经十一年的他,回想起大学历程以及这几年来走过的风雨时,每一幕仍历历在目。

成功的机遇

阮善兵说他是个有独立思想的人,对社会性活动没有过多的兴趣,更愿意在自身的人生规划上面花时间。毕业后的他在杭州找到了一份符合自己专业的工作,之后在父母的要求下回到了家乡台州,开始了他艰辛的财会求职之路,也正是这样的改变,才造就了今天这样出色的阮善兵。由于地域的限制,阮善兵在台州无法发挥财务专业的优势,多份投出的简历也石沉大海,但他心中一直对自己有清晰的定位。为了养活自己,他为自己设计了一条"曲线救国"之路。在找工作的过程中,他坚持从自身所长出发,打消了"退而求其次"的念想,降低自己的意向工资标准再次投简历,很快成功地被一家生活电器台州总代理公司录用并担任辅助会计一职,这成为阮善兵发展的一个契机。也正是由于这样的机遇,阮善兵结识到了商业会计实务能力优秀的财务主管,这给他的财务人生开启了一个新的局面。在主管的带领以及自身的学习之下,他逐渐将整套商贸企业的财务流程摸索清楚并熟练掌握,在公司工作的8个月里,他深知行业竞争的激烈,所以不敢有一丝懈怠。正是他一直以来对自己内心的坚守,让他不断地进步、不断地积累经验,也让他有资格进入更好的公司,在一家工业公司做工业会计账务,全新的工作给他带来的不仅仅是环境的改变,更具挑战性的是工作上的转变,从未接触过工业会计账务的阮善兵只能从头再来。老师、同学、原财务主管都成了他求教的对象,他抱着虚心求教的想法,在求知的世界里来回奔跑,正是这样一步一步地坚持、成长与学习,给他的创业奠定厚实的基础。正是阮善兵的不断摸索、不断努力,让他在2016年遇到贵人,并在对方的帮助下于2018年创办了属于自己的企业中介服务机构——台州天乙企业代理有限公司。如果不是内心的坚定,那可能就没有现在的阮善兵;如果没有当初的坚持,商界就可能少了一位人才。所以,在人生的道路上,找准目标至关重要。

母校的栽培

母校是一个充满回忆的地方。提起在杭商院的生活,阮善兵的眼中仍流露出感激与眷恋。自2004年入学至2008年毕业期间,阮善兵的大学生活过得自然而简单,"和大部分同学一样,没事就去图书馆看书,业余时间打打篮球缓解压力"。他的大学生活虽然简单但却是充实的,闲暇时和朋友一起打篮球的时光、与几位哥们讨论毕业去向……这一幕幕在别人看来普通的大学生活却是他一生中难忘的回忆。阮善兵说他大学最美好的记忆是遇到了他一生最敬重的老师——楼威炯老师。他将最深爱的楼威炯老师形容成一面镜子,在楼老师面前,他可以不用做任何保留。楼老师是一股绳,将财务04乙班紧紧地凝聚在一起。十周年聚会时班里同学全员到场,楼老师还清楚地记得每一个同学的名字,大家都很怀念曾经的大学生活。

财务04乙班毕业十周年纪念（从前往后第三排左一为阮善兵）

正是因为遇到了这样一位乐观豁达的老师，他的人生观发生了很大的变化，心态也愈发乐观。也正因此，在刚回家乡找工作时，阮善兵面对四处碰壁的情况，也没有过多的沮丧，反而越挫越勇。明确的目标和乐观的心态是他成功的重要因素。校友对于母校是宝贵的，热爱母校的阮善兵，更是母校珍贵的财富。

明确的规划

"你需要给自己的未来做好规划"，这是他想要分享给每位杭商学子的成功秘诀。从大学起，阮善兵就对自己未来的职业方向有着清晰的规划——成为一名出色的会计师。中小企业发展需要财会人才，很多人都想去银行金融机构、事业单位、政府单位、上市公司，但他还是坚持往中小企业方向走。他清楚自己需要什么，从不犹豫，一直很坚定。在这样一个浮躁的社会环境下，像阮善兵这样对自己有明确定位的人很少，而且在行业竞争日趋激烈且转行转业的人日益增多的当下,这也更加凸显出阮善兵内心的坚定。在采访过程中,他提起了当年面试顺丰快递公司财务职位时,公司财务经理跟他聊起的经历。"这位财务经理的一个大学同学将自己的生活投入国企财务工作中,将结婚恋爱抛在脑后,五年内从底层工作人员做到了财务总监。"榜样的力量是强大的,这样一种清晰的定位和义无反顾的决心,激励着同样从基层做起的阮善兵朝着更高的目标去奋斗。此后,他也想成为像顺丰财务经理这样的前辈去影响他人,所以他自己创立公司,并不断发展扩大,以便让更多有理想的年轻人能够找到自己的未来。如今,在别人眼中阮善兵早已是一名成功人士,但他却谦虚地形容自己的公司"很小",我们仿佛看到了十年前,那位求真务实的大学生。人生几十年间,最无悔的,莫过于能在最好的年纪,规划好自己的人生。

采访记者:胡展铭 谭梦珂

郑 鑫

/
/
/

　　2008年7月毕业于浙江工商大学杭州商学院工商管理专业。在校期间，曾担任校长办公室学生助理、管理系学生会主席、学生管理第一党支部书记、班长等职务，曾获得校三好学生、优秀团干部、优秀学生干部等荣誉，并多次获得学校单项奖学金。现任浙江省新华书店集团有限公司教材业务分公司副总经理。

越努力越幸运

——记工商管理专业2008届毕业生郑鑫

自2008年参加工作以来,他勤恳敬业、勇于进取,多方面不断实现自我价值,以"努力"作为座右铭,将学习融入工作、将工作融入生活,为人生注入发展与珍惜。

十年努力奋斗记

现如今的郑鑫工作繁忙,加班、出差已是家常便饭。在"80后"中,他是浙江省新华书店集团本级里升职最快的,也是相当年轻的中层干部。这并不是偶然,从2008年毕业进入浙江省新华书店集团,到如今的分公司副总经理,靠的是他十年如一日的坚持与努力。

最初以应届毕业生身份进入新华书店时,郑鑫调侃自己像农民工,天天熬夜"搬砖",他在公司最辛苦的物流岗位待了整整三年,物流岗位的辛苦众人皆知,每学期教材发货高峰时,有时需要连续几天作业,工作至凌晨一两点是常态。刚从象牙塔里出来的大学生往往难以忍受这么辛苦的工作,当初同一批进单位的大学生陆续有人放弃,很少有人选择留下来。郑鑫觉得工作没必要频繁更换,因为他相信"越努力越幸运",这份幸运终于在三年后光顾了他。在物流岗位上养成的吃苦耐劳的工作作风让公司领导发现了他,他被调往教材业务岗位。这个岗位让他如鱼得水,他的能力也在这个岗位上有了施展的空间,也为他后来事业发展提供了契机。现在他在分公司分管全省中小学教科书发行业务,为浙江的中小学生提供全方位的大教育服务。

郑鑫自认为不是一个聪明的人,所以用努力去弥补。作为新华书店的一员,三年的物流工作、八年的教材发行经历,是他漫长且不平凡的履历。他用心去做好工作中的每一件事,让工作融入生活,积累如何去沟通、分享、学习、解决问题的经验。郑鑫相信付出总会有回报,十年如梭,看到他如今展现出来的饱满的精神状态,相信他已经获得了他人的认可,身边同事无一不敬佩他。他说:"每天把简单的事情做好了,就是不简单;每天把平凡的事情做好了,就是不平凡。"靠着这份坚持与努力,郑鑫一步一步走到了浙江省新华书店教材业务分公司副总经理这个职务。

四年学习成长记

在谈到母校时,虽已毕业十一年,但郑鑫仍记忆犹新。他回忆起校园的点点滴滴,认为大学生活的关键是好好学习,老师所教授的知识和方法都很重要,在学习之余要对感兴趣的领域进行探索。郑鑫说他特别感谢杭商,在杭商的校园里,他经历了人生中成长最快的四年,也收获了满满的幸福。学生时期的郑鑫就在践行着"越努力越幸运"的座右铭。大学四年,他是同学们的好班长、老师的好助手、党员的好书记。他一直活跃在校园的舞台上,从大一的宣传部干事到大二的校长办公室学生助理,再到大三的管理系学生会主席,郑鑫一直用坚持和努力诠释着自己的别样人生。郑鑫说,杭商的学生干部经历是值得他用这辈子去感谢的,感谢老师和同学给他这么一个"不聪明"的人许多包容和指导,给他足够的空间和时间去成长。他给我们分享了他在学生时期的糗事,第一次办大型活动时，他带着宣传部花了三天时间用全手稿制作了迎新晚会的背景板，让指导老师哭笑不得。但他说很感谢当年发生的各类糗事，这些经历是他时至今日仍不断从中吸取精华的基石。

毕业十一年了，郑鑫依然常和同学联络。他说："工作后，能真正用心并毫无保留地相互帮助的还是那帮大学同学。"他笑言："随着年纪的增长，我们的局变得越来越养生，从开始吃火锅、烧烤、唱K、麻将到现在相约爬山、喝茶……大家想着见见同学，聊聊人生，能多聚几次。"谈到家庭，郑鑫微笑着说妻子是杭商院"分配"的，他和妻子从一个班走到了一个家，如今有儿有女，是细水长流的缘分。郑鑫的人生处处充满着"越努力越幸运"的标签。

谈及母校的发展，郑鑫表示一直在关注。近期正在努力建立新华书店和杭商院的合作，建立"新华校园书店"，希望给在校的学生提供便利。工作十一年，郑鑫说的最多的一句话便是"尽我所能努力做好每一件事"。今日的自己与昨日的努力是分不开的，多学、多听、多看、多做是箴言。

采访记者：潘　洁　洪纯愿

陈伟翔

/

/

/

2008 年 7 月毕业于浙江工商大学
杭州商学院工商管理专业，曾任杭州
商学院学生会主席。现担任杭州盾凯
机械有限公司总经理。

"顺境"中的励志成长者

——记工商管理专业2008届毕业生陈伟翔

陈伟翔自大学以来,似乎没有遇到过什么困境,一切对他来说都只是小挫折,完全可以根据自己的实力一一解决。他直言道,只要选择了,就坚定地走下去,不要怀疑自己,一切都有可能。

身份转变带来的心境转变

作为杭商院在下沙校区的"开拓者",在没有学长学姐指导和帮助的情况下,陈伟翔和同学们从一开始独立策划并举办迎新晚会,到后来陆续主办校内各项大型活动,他让全校师生看到了他在领导方面的才能,也让更多人认可了他的能力。卓越能力的展现和被认可,使他顺理成章地成为院学生会主席。这样的身份转变不仅大大地提升了他的自信心,更是让他从更高的视角和更全面的局位思考事情,为他日后自主创业成为企业老总打下了初步基础。

在成为自主创业的企业老总之前,陈伟翔也曾先后供职于杭州抗氧压缩机有限公司(以下简称"杭氧")、传化集团有限公司。在杭氧,他遇到这样一位领导——每天都元气满满、生活自律,会把每一件事情做到极致,追求完美,他是陈伟翔的职业启蒙者。"出淤泥而不染"是陈伟翔对这位领导的评价,他对领导的敬佩与欣赏可见一斑。

直到开始自主创业,陈伟翔也逐渐将前任领导的工作方式融入自己的管理方式中。国企和私企的不同、打工和创业的不同,身份的转变同时塑就了他心境的转变。在国企打工的时候,只需要完成自己每天的分内之事,不用过多考虑有关企业的其他事务;但当自己开始创业的时候,每天都要想着如何为企业盈利、如何能够更高层次地提升产品质量、如何有效打开市场,且要做好管理的工作,统筹好手下的员工,基本一天二十四小时都处于一种适度的压力下。

在这几次身份转变的经历下,他的心境逐渐变得内敛,不断地学习,也不断地沉淀。

从忍受孤独到享受孤独

忍受孤独不是说避免与人接触以此达到思想的升华,在陈伟翔身上,这种特性被体现为"能够利用时间去做一些有意义的事情",尤其是一些枯燥烦琐的事情。只有把这些事情做好,才能锻炼出与常人不同的执着和耐力,从而利用这些执着和耐力去完成对人生更高层次目标的追逐。这样的特点在他的生活中也有所体现。最近一年半的时间里,通过运动的方式他做到了"重量的减法"——瘦了二十斤,这是多少人一边嚷嚷着运动节食一边不停"肥宅快乐"而难以达到的目标。

在适度的压力之下,往往能获得意想不到的提升和突破。当时陈伟翔曾被传化集团委托在浙江工商大学主办招聘会并进行人才招聘。他一直认为,不同的年龄层有不同的使命,当我们处在一个年龄阶段的时候,就应该去做这个年龄阶段该做的事情。慢慢成长的独特让他开始享受这种独特带来的孤独,孤独使他能够冷静思考、活在当下。

梦想与现实齐驱并进

陈伟翔对现有的生活状态很满意，五年的国企经历让他学会了什么叫坚持不懈，不过这本来就是他的为人特点。一直以来，他坚持着"较真""不达目的不罢休"——在销售部任职时，与客户进行沟通前，他总是会将产品的性能、特点、需求进行全方位、多角度的了解，使出浑身解数去了解客户的偏好，争取拿下订单。这样的细致耐心，是坚持给陈伟翔带来的最好衍生品。

现实的成功并没有使他迷失，他表示自己会始终坚持。坚持是他一直在做的一件事。有研究表明，培养一种习惯常常需要三个月，而陈伟翔则是将"坚持"这项习惯持续到现在。坚持早已融入他的性格，让他能够对自己所做的每一件事都坚持长远，"坚持"本身就值得敬佩和赞扬。

三十而立，陈伟翔也有着自己的小梦想，例如去西藏骑行，感受蔚蓝天空与葱绿草原汇聚而成的平和宁静。他的骨子里隐藏着深厚的文艺气息。

不要在该奋斗的年纪选择安逸

现如今很多人都有这种想法：当今很多企业更看重的是个人的才能，而不是只看重学历。这给陈伟翔招募员工提供了更多的可能性。也正是因为他得到了这样的机遇，他更是对当今部分大学生不思进取、浑浑噩噩的状态感到十分惋惜。"不要在该奋斗的年纪选择安逸。"陈伟翔将这句话送给学弟学妹。学会独立自主地去做一件事情，比人云亦云、随波逐流、被动选择可贵得多，一定要充分利用大学的空闲时间，走上社会之后，会愈发地感谢这个时候努力充电的自己。

陈伟翔用自己的前半段人生践行着这句话，也由衷期望现在的大学生都能够跳出舒适圈，寻找打磨自己的最佳途径。

采访记者：毛相蕾

王铭洁

2009 年 7 月毕业于浙江工商大学杭州商学院英语专业,获"省级优秀毕业生"称号。2010 年毕业于伦敦大学亚非学院,获国际外交硕士学位。现定居英国伦敦,担任中国日报社(*Chi-na Daily*)伦敦分社记者。

新媒体环境下坚守工匠精神,行万里路不忘家园

——记英语专业2009届毕业生王铭洁

　　每位从事新闻行业的工作者都有这样共识:热忱,只为读者;坚守,只为真相;情怀,只为家园。在众声喧哗的时代,他在思考、在创新、在前进。他就是中国日报社伦敦分社记者王铭洁。

新闻四层金字塔

记者是时代进程的纪录者,大到国内外大事,小到庸常的短平快社会新闻,一名真正优秀的新闻工作者,都能以工匠姿态面对。在王铭洁眼中,做好一名记者所需具备的职业素养有以下四个方面:1.具备熟练的中英文写作能力,这是基础技能;2.好奇心是一切的前提,主动去问"为什么";3.具备良好的沟通能力和广泛的社交能力,它是发现突发新闻和独家新闻的钥匙;4.要有思想,学会观察,注重平常积累,使原创更新颖。新闻观点犀利独到、新闻内容挖掘实质往往能胜别人一筹。

新媒体下的纪录者

随着多媒体的发展,纸媒压力越来越大。对此中国日报社也做出了调整:除了日常报纸的发行,还设立了社交媒体平台、双语微信、微博、Facebook、视频

王铭洁(左一)与法国前总理让·皮埃尔·拉法兰合影

直播平台等。这对他来说也是从文字记者到全能记者的转折点。2016年6月他做了整个中国日报社的第二场直播——脱欧直播报道。这不仅是摸着石头过河，也是对职业功底的挑战，同时这也是一个记录历史性时刻的机会，人们的哭泣、欢呼、呐喊都一一呈现在他的镜头里。挑战也是自我成长的机遇，在他的操刀下，中英双语纪录片《新中国人》(*The New Chinese*)诞生，推出各行各业的新一代旅英华人代表，进一步更新世界对华人的认知，也让更多人看到了我们的同胞成为中外交流舞台上的佼佼者。

"软件"转化成"硬件"

大学四年，他给自己定下了明确的目标：大学不是用来放纵的，这是自己人生的跨越点，高考的分数线不是人生的枷锁。因此，在大学期间，他一方面不断参加课外实践以尽早获得社会经验；另一方面，兼职家教来获得额外收入坚实经济基础，通过其他拓展平台丰富个人经历。在他看来，大学生活过得多姿多彩很重要的一点就是提前做好规划。三次去美国游学开阔眼界，大四去联合国实习，尽管刚开始与来自世界各地的实习生相比阅历太浅、能力欠缺，但是他并没有因此放弃，而是不断给自己充电。当然，这些都是人生履历上的加分项，对于他而言，学业永远是第一位。大学四年三次拿到特等奖奖学金的秘诀，就是上课时间精力永远高度集中，积极参与课堂讨论、回答老师问题是他高效率的保证，无须考试时挑灯夜读。目标＋规划＋实践＋努力，这才是大学生该有的样子！

树高百丈不忘根

刚进入杭商院的时候，未来遥远且没有形状，梦想似乎还不知道该定义为什么模样。他懵懵懂懂地从班长开始一点一点扎实自己、提升自己的能力，在杭商院这个舞台上开始自己的人生之路。在他的学习生涯中，他立志要提高自己的外语能力，努力为自己创造条件。通过不懈努力，他以外语为载体，亲身体验了解国外的文化和课堂教学特色，培养融入跨文化课堂的能力，适应不同文化背景下的学习差异，以此明确自己的优、劣势，进一步完善自我。从杭商院走出去后，虽然远居伦敦，但作为一名中国新闻工作者，他在做好自己本职工作的同时，身上也深藏着一份责任感：以自己的笔杆和镜头守望中国时事、讲好中国故事、传播中国文化、架设交流桥梁，让中国走向世界，让世界了解中国，努力尝试做一名真正国际化的新闻工作者。

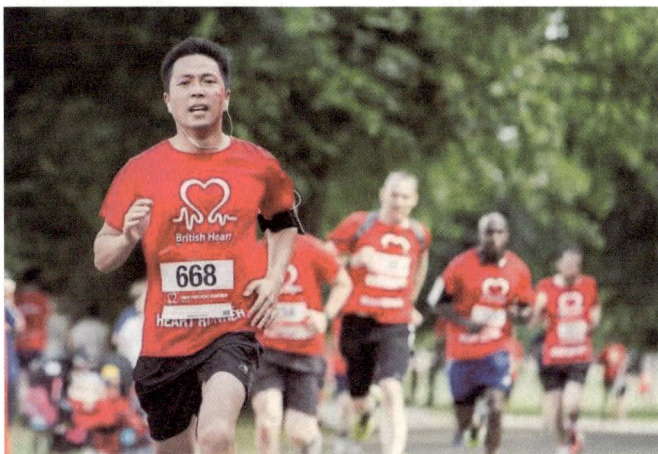

　　王铭洁说，对于学弟学妹来说，现在要注重综合素质的培养，要做到"走进母校那天我以母校为荣，走出母校那天母校以我为荣"，我们的能力并不比别人差。拿他自己的经历做例子，现在在伦敦的央媒圈有很多的中国同行，有北京大学、北京外国语大学、中国人民大学、上海外国语大学等名校毕业的，但是和这些同行共事的时候，人们并不觉得杭商院毕业的学生在能力上逊人一筹。从人生阅历和职场经验来说，走出校园步入社会，我们需要更多地提高自己的情商，成绩并不能衡量一切，能力才是关键！

采访记者：厉雨茜　张沈秋

舒珊乐

/ / /

2009 年 7 月毕业于浙江工商大学杭州商学院英语专业,后获日本神户大学全额奖学金攻读硕士研究生。毕业后参加工作,工作期间继续学习,获得美国哈佛大学和英国伦敦大学的教育机会。现在中国教育服务中心有限公司宁波分公司任总经理。

华丽转变，人生无止境

——记英语专业2009届毕业生舒珊乐

十余年前的夏天，还是懵懂高中毕业生的舒珊乐刚踏入浙江工商大学杭州商学院。在接下来的日子里，她成为别人眼中的学霸，也是知性的女强人，还是懂得享受生活的背包客。

从国际贸易到国际教育

大学生活之初，许多人满怀迷茫，而舒珊乐自有方向。"会说一口流利的英语好赞好帅气"的想法，再结合家乡国际贸易行业发展前景广阔这一考量，让她最终选择了英语专业。大学四年，她朝着自己的目标奋进，不断吸取专业知识，被日本的神户大学录取攻读研究生，并且受到导师的欣赏，获得了全额奖学金。

学成归来，有一个优质的工作机会摆在她面前，徘徊之下，她觉得自己的软素质更需要打磨，于是决定留在浙江工商大学MBA学院担任MPM（项目管理硕士）项目协调人，以及承担相关外事工作。工作在身，学无止境，她在工作之余仍旧刻苦研学，先后获得与美国哈佛大学、英国伦敦大学的短期交流学习机会，这些学习经历让她受益颇丰，她说很感恩那些时日的工作和学习时光，让她进一步明确了个人的职业发展方向，从此走上了国际教育的道路，因为她想让更多国内学子接触更好的教育机会。

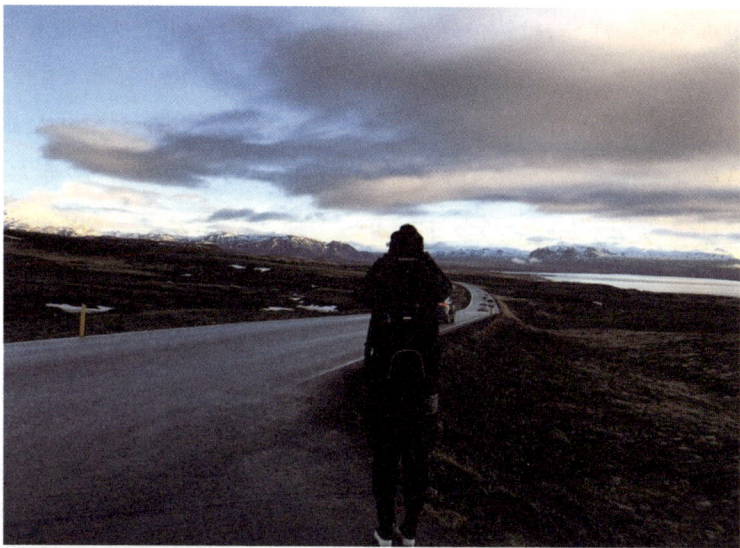

　　"虽然最后工作跟国际贸易不搭边，而是往国际教育方向去了，但工作和生活都受到英语专业的巨大影响。我属于比较幸福的，学的专业和后面的工作是相关的，喜欢的和正在做的是一致的。"一路走来，舒珊乐仍旧保持着对专业的热爱，并为自己抓住了眼前的"小确幸"而心怀愉悦。

不断重新出发，进无止境

　　没有谁的人生一帆风顺，在过去通往现在的路上，她必然经历过一番困苦和磨难。谈到关于人生挑战的时候，她说道："起起伏伏就是人生的常态，要吸取经验教训，不断重新出发。没有什么是大不了的，一切磨难都是为了迎接更好的自己。"

同时，她也遇到了许多"伯乐"，组织里的，课堂上的，人生中的……不仅限于"师者，传道授业解惑也"，更多时候那些导师给她的人生之路点亮了心灵的灯火。"我从大一开始就在学院的团委办公室工作，从主任助理做起，后面升职到团委办公室主任，直接受严毛新、郑晓春等老师的指导。那段时光是我大学生活中很重要的一部分，虽然忙碌，虽然时不时遇挫，但很充实也很有收获。"这是她最真实的感受。

市场在变化，需求在变化，教育环境也在不断变化。唯有变化是永恒的不变。在这些变化中，她谨守本心，不断改变自己面对困难的姿态，进无止境，迎接更好的自己。

与世界交流，自我探颐索隐

人把全身心都压缩在工作里，是给自己画地为牢。闲暇时，舒珊乐最喜欢旅游和音乐，她走了五大洲的三十几个国家，有些国家每年都去，不只是为了工作需要，还是为了保持鲜活的状态——去读书、去访校、去看学生和朋友，与全世界保持良好的交流。

作为学姐，她也不吝于和学弟学妹们分享自己的经验。以一个学姐、前辈的眼光来看当下的考研时，舒珊乐给出了严肃认真的建议：念研究生在这个年代还是非常必要的，有喜欢的大学和专业还是要读，但不是非得读完本科马上读研；而且不仅仅是在国内选择，国外的大学有更多的优势，有条件也可以多了解一下。这个年头已经不是"千军万马过独木桥"，而是可以根据自己的特点，在全世界的范围内去链接最适合自己的教育资源。

"多进行一些社会实践吧，在学校里面不仅要好好读书，同时更要抬头看看外面的世界。知道自己生活在怎么样的一个时代中，才能释放更好的自己。没有现成的答案，就要自己不断摸索、不断试错，然后逐渐找到让自己发光发热的东西，让自己热情澎湃地去迎接每一天。生活不息，折腾不止！"她将自己的经历浓缩成的这些话语，将给杭商学子们带来更多的启迪。

采访记者：娄榕翡

周航帆

///

2009 年 7 月毕业于浙江工商大学杭州商学院电子商务专业。现任浙江泰基涂料有限公司副总经理。

年轻老板谱写新篇章
——记电子商务专业2009届毕业生周航帆

"谈起杭商院,言语之间说不出她好在哪里,但却让人不能忘怀。"身为浙江泰基涂料有限公司的副总经理,浙江工商大学杭州商学院商务专业2009届毕业生周航帆如是说。

从周航帆的话语中,可以听出他对杭商、对大学生活的思念与感叹,他身上的标签不仅仅有"真性情",还有更多的是"年轻有为",这位年轻老板给我们呈现出了他追求成功的历程,同时也通过讲述自身经历给我们提出了建议。

管理分层次,狠抓重心

近年来,周航帆带领自己的公司不断进步,走科技路线,致力于打造科技型公司,公司从浙江省中小型科技企业到国家高新技术企业,拿到了大大小小各种奖项,这是周航帆在职期间的成就。

谈到公司,周航帆给我们介绍公司的宗旨:创一流品质,创一流服务,且精益求精,不断地开拓创新。他说,作为年轻一代的管理者,他经验可能比不上那些"久经沙场"的职场老人，但也是由于这方面的不足，他更加重视对公司的管理，重视团队的建设、搭建公司框架结构、分层次管理公司内部人员以及各项事务，他说"人是公司的根本"，所以公司会定期召开人事会议，解决内部纠纷。在产品技术方面，公司不断进行改进和创新，致力于提高产品质量。服务方面，则在科技型公司的基础上努力打造一个服务型公司，这也正贴合公司的理念"卓越品质，专业服务"。

周航帆（右二）给客户介绍公司产品

他给现在的毕业生提出的建议是，社会上缺少专项的科技型人才，所以应聘者应该要具备扎实的知识基础，找工作要注意专业对口。

把挑战当作人生必由之路

"梦想就是诗跟远方，也要有眼前的苟且"，周航帆说这是他自己的生活。他强调，不管是在工作还是在学习上，都要先摸清自己的能力，在事业的道路上一步步迈进，看自己到底能走到哪一步，等到什么时候觉得自己撑不下去了，就回头看一看自己走过的路，只要想到之前更加艰难的时候都走过来了，现在这些便都变成小事情了。

保持对工作的热情是周航帆一直以来的习惯，他让自己喜欢上了工作，把工作当成另外一种放松是他的生活方式。"我不太喜欢平淡无味的生活，所以我会不断寻找磨难，不断克服磨难，其实我是很享受这个过程的。"他将此比作大学生解决数学题，解题的过程是需要花费时间和精力的，但同时也能学习和巩固知识，当难解的题被解出来时，解题人自然会感到十分开心。

在工作之余，周航帆会做一些自己喜欢的事情，如和朋友一起聚餐等，一方面缓解工作压力和负面情绪，同时让工作与生活相互配合，相辅相成，不仅能够提高工作效率，也能时刻让自己保持轻松愉悦的心情。

敢于闯荡，赢得未来

回顾大学生活，他建议年轻人毕业之后要敢于尝试、敢于闯荡，不要去惧怕失败，失败是每个人都会经历的。"失败和自己其实就是对立面，你越小它就会越大，当你直面它的时候，你就会觉得，原来也就这么回事。"周航帆如是说。在人生道路上会有大大小小的坎坷，有的就像路边的一颗小石子，踢一脚就没了；有的是挡在路中间的石头，动动脑筋绕一绕，不小心撞上摔倒了，拍拍身上的尘土再站起来，继续往前走。前期积累经验，可以为后来打下基础，这些沉淀的经验也会作为自己的能力有合适的地方发挥。他还说到，学生在大学期间要拓宽自己的眼界，打开自己的视野，不要老是窝在寝室里，要多出去走动，可以多参加社团组织的竞赛。他在大学时候就参加了自己感兴趣的社团以及活动，他说虽然不能说对自己有什么直接的帮助，但多多少少会在潜移默化中改变自己。

　　在时光的淘洗下,杭商人来人往,送走一些人又迎来一些人,周航帆怀念在学校无忧的日子,而我们更崇敬他在职场的样子。

采访记者:谭梦珂

金灏峰

/ /

/ /

/

2010 年 7 月毕业于浙江工商大学杭州商学院国际经济与贸易专业。现任绍兴高峰印染有限公司总经理及绍兴北亚外语培训学校校长。

奇迹,那只是努力的另一个名字

——国际经济与贸易专业2010届毕业生金灏峰素描

作为绍兴高峰印染有限公司总经理和绍兴北亚外语培训学校校长的金灏峰被贴上了许多成功标签,是外界眼里的精英。但他自己从不这么认为,他觉得,自己只是一个从事印染行业和教育行业的普通人,所谓的光环只是暂时的,毕竟后生可畏,你不继续努力别人就会超过你。

学业绝处逢生,偶然发现商机

金灏峰说他从不相信"失败就意味着绝不会成功"这一观点,没有人会成为一辈子的"屌丝"。也许你现在一无所有,但是这并不代表着你不能"逆袭"成精英。大学里成绩平平的他将自己的时间和精力投入了绍兴北亚教育机构中。他说,接触这个教育行业绝对是巧合。杭商院有一个规定就是当挂科达到一定数量的时候,会面临着拿不到学位证书的问题,所以为了顺利毕业,他翻遍了学生手册,为自己找了两条适合的解决方法:第一条是雅思成绩达到6.0;第二条是在学校规定的刊物上发表论文。有了目标之后,他果断地报了班学习英语,为了顺利通过雅思考试,他废寝忘食,终于取得了较为满意的成绩。也是在这一次学习的过程中,他发现原来学英语、考雅思并不难,只要掌握一定的方法,多做题,通过的可能性非常高。

在自己学习的同时,他发现报考雅思的人非常多,有的是为了出国留学、有的是为了证明自己的英语能力,但大部分人缺乏毅力和方法。他认为,办雅思培训机构是个不错的商机。为了掌握更多的资料和信息,他选择飞到北京去调研,当发现开办雅思培训机构存在可行性后,他果断地选择投入自己所有的可用资金。刚开始创业时,他遇到过不少困难,也听到过许多人对他能力的质疑,但他没想过放弃。为了激励考生、增强信心,金灏峰不惜花大价钱请著名的励志师来鼓舞考生;为了提高培训班的通过率,他和团队绞尽脑汁地去想办法提高考生成绩。经过几年的坚持与沉淀,培训班在绍兴变得小有名气,金灏峰在解除和北亚的连锁关系后,独自创办了外语培训机构,凭借着之前在绍兴积攒的生源,以及聘请了优秀的培训老师和专业的管理人员,在当地取得了较好的口碑。他没有想到自己的教育事业有一天会这么成功,也没有想过自己的人生会因一个决定而有了翻天覆地的变化。金灏峰觉得自己如今之所以成功,可能就是因为自己习惯处于忙碌之中。他不喜欢空闲,因为他觉得一旦空下来就

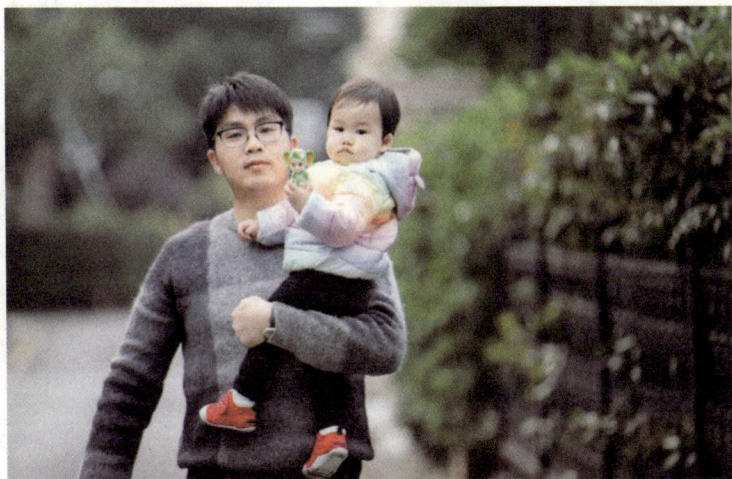

会想太多,时间久了,想的多了但是什么都没有做,得不偿失。

公司的发展稳定后,金灏峰将自己的精力倾注在布料印染上。接手父亲的事业之前,他时常会去工厂里面"闲逛",深入了解自家工厂的优缺点。基于之前做过充足的功课,金灏峰接手自家的工厂十分顺利。短短几年的时间,他就将工厂的规模扩大了数倍,公司也成了绍兴印染行业的领先者。

没人是"屌丝",谁都可以做精英

金灏峰说,大学时期,他为了创业,几乎在是学校和工作的地方两头跑,因为精力有限,所以学业和工作很难两者兼顾。但他十分感激学校老师教给他的知识,他说教授他商务谈判这门课的老师经常会把理论与实际结合起来讲解一个知识点,加上幽默风趣的语言,当初在该课上学到的很多知识点至今都很受用。他还建议说,想创业要趁早,机会是可遇不可求的。大学中,除了学好专业课,也要多参加一些社交活动,处理好人际关系也是一门重要的课程。

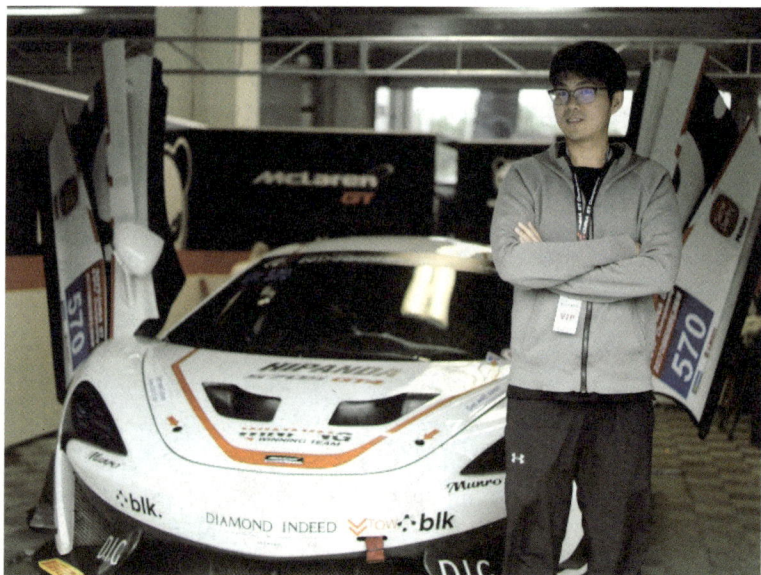

　　金灏峰提到自己大学时代曾加入过摩托车队,他说当时社会对摩托车队的印象不是很好,觉得玩摩托车的都是社会上的不良人士。他指出,很多年轻的商界精英、公务员、老师等各种行业的人都有玩摩托车的,而且摩托车队有组织有纪律,完全是一只具有正能量的队伍。为了改变社会对摩托车队的固有观念,他们车队时常会带着一些物资去孤儿院,在力所能及的范围内帮助那些需要帮助的孩子。

　　金灏峰说他喜欢特别的东西,特别意味着还未大众化,也意味着只要花时间去钻研就很有可能在这方面有所突破。在布料的印染方面,他说他工厂的产量可能没有其他工厂大,但成品率高,客户宁可多花钱也要选择和他合作,归根结底就是工厂的印染技术先进,印花独特清晰。为了寻找到一个受市场喜爱的花色,金灏峰宁可去海外市场上一个一个地寻找,也不愿意降低要求模仿别的厂家的花色。他的这种执着,使得工厂在创新性方面远超当地的其他工厂,也使得更多的客户乐意与他合作。相信奇迹总会出现,因为奇迹只是努力的另一个名字,这也是金灏峰成功的关键。

　　　　　　　　　　　　　　　　　　　　　　采访记者:吴浩静

潘越飞

这个时代，
会悄悄犒赏不安的人

2010年7月毕业于浙江工商大学杭州商学院编辑出版学专业。曾任浙报集团传媒梦工场投资经理、搜狐科技主编、猎豹移动全球内容总监、短趣网COO等职位。现为锌财经创始人，锌财经目前市值估值4亿元，发起1亿元产业基金。

十年印象

——记编辑出版学专业2010届毕业生潘越飞

浙报集团传媒梦工场投资经理、搜狐科技主编、猎豹移动全球内容总监、短趣网COO、锌财经创始人……潘越飞的身上有很多标签,2010年从杭商院编辑出版学专业走出来的他,数年间已经将自己的生活轨迹延伸到多个空间。回首来时路,他还在时代的大潮中定义着自己的独特。他自言,力争接地气,力争不和气。一起来看看他有什么样的故事吧。

从空想派到行动派

当下的潘越飞生活忙碌而充实,他早已经习惯了在北京、深圳、杭州、成都等地做"空中飞人",有人叫他潘老师,有人叫他老板,有人戏谑地称他为"自媒体的上古神兽",有人夸他是"下一个吴晓波",但其实我们很难想象当他谈起自己的学生时代,用到的是"不着边""不靠谱"这样的词汇,你也很难想象一个生活在安逸小镇的少年闲来无事就思考人生的意义、生死的跨度和宇宙的奥秘。但他就是这样一个矛盾体,当你和他有过一次交谈,你就会接受这些合理的存在。潘越飞介绍说，高中时候的自己性格极为内向，甚至觉得自己在性格和认知上存在缺陷，整日里像大部分青春期的孩子一样，敏感而迷茫。带着这种心态，他一路就像个气球从家乡飘到了杭州，而大学里遇到的人间烟火气吹进了这个气球的缝里，于是他终于忍不住地"自爆"了。进入大学，改变开始发生，尤其是在记者团的时光，为他打开了新的世界。"经常有机会能够去做新闻这块事情，在这个过程当中，我始和别人频繁打交道。一开始是躲在摄影机后面，之后进入面对面采访阶段，接着成为组织负责人，当时的记者团有100多号人。经过这些锻炼，整个人的做事方法和认知都发生了巨大的变化。"从此，和人频繁打交道成了他的"生活"。他说他想要改变自己，改变自己要用最狠的手段，他要走出去，从思考到行动，先踩出去几脚看看。

从埋头苦干到享受其中

潘越飞是学院第一届记者团团长，然而信任总是伴随着压力，他戏称自己为"校园摄影小记者"。那时候熬夜和通宵是经常的事情，花心思充实宣传内容

成为他工作的主要方向，要是你在寝室看到他靠着座椅闭着眼、静静呆坐半小时，他不是睡着了，而是有个问题真的困住了他。等他站起来，嘴里说着别人听不懂的话，那也不是发疯，而是他正在释放压力。现在的他跟学生时代的自己还是很像，偶尔还带着一点"丧"，但骨子里却多了一份"乐天派"。他觉得自己是幸运的，以前是，现在更是。

他给记者团设计的口号是"影响有影响的力量"，因为他从心底里坚信自己在做的事情不管是在哪里都是被需要的，人们渴望信息，而信息可以改变人。在学院的经历让他早早地完成了从摄影记者到采访记者再到专业媒体人的三个大跨步。这一切的经历使他在毕业以后，在需要重新"初始化"自己的功能数据的时候，比常人要更摸得透门道，也顺利得多。走上新闻这条路，多半是因在记者团的经历点燃了他的兴趣，然而一开始他却还只是想做个摄影人躲在镜头后面看世界，到后来听得多了也就能慢慢地走到镜头中去了。这样的改变贯穿了他职业生涯的轨迹，如他所说，他在一直不断地追求跳出舒适区。与此同时，他在工作中试图不断地"找乐子"，不是苦中作乐，而是走在正确理想道路上感受到的心满意足。从埋头苦干到享受其中，他的人生似乎没有过渡期，只需要一个简单的标点符号衔接。

潘越飞（右二）与锌财团队主创成员

从怀疑独特到坚持独特

以前的潘越飞似乎很害怕"独特"这个词,但现在已经发生了一些微妙的改变,他似乎变得钟情于"独特"了。他仍然记得父亲给他讲过的一个小故事,在某一年的新生入学典礼上,潘越飞亲戚家的孩子被选为学生代表在仪式上发言,而他负责活动的拍照,当全场的焦点集中在"别人家的孩子"身上时,同样来到现场的潘越飞的父亲觉得儿子在做的事情"没有意义",甚至想提前离场。这时候有位在场的领导跟潘越飞父亲说了一段简短的话,他说:"你不要觉得他现在做的事情没有价值,不要觉得所有人都安安静静坐着,在鼓掌,在看着台上演讲的孩子,你也要相信这个给别人拍照的孩子,一样会做出有价值的事情来。"果真,之后的事情验证了这一预测,潘越飞已经创就了"80后"企业家商业财经第一媒体——锌财经。其实这个故事也是潘越飞的父亲在他事业有成以后才跟他讲述的。"这代表父亲认可了我。"潘越飞讲这个小故事的时候也带着他特有的骄傲。在潘越飞的价值观里,如果你是一只鸭子,拥有扁的蹼,扁的嘴,却非要去磨尖自己的爪子,削尖自己的嘴,硬生生地把自己变成周围99%的鸡,只

潘越飞(前排左二)与锌财经团队成员合影

会让自己的生活很难受。所以如果你是一只鸭子，努力成为那只最好的鸭子就行了。保持独特，这是他经历的写照，也是他的经验之谈。这些年来，他一直在坚持自己的独特，在学校里创办记者团，做镜头后面的摄影记者，再到从传统媒体转战新媒体，放弃人人艳羡的《钱江晚报》记者的身份，从头开始。听起来每件事情都很需要勇气，艰难困苦中，所幸他没有跟"普通"这个词达成和解。

从温暖相遇到期待再会

一个学生能够有幸在学校得到改变与充实，是一生的机遇，一所学校有力量改变一个学生的人生那也是一所学校的幸福。学院给了潘越飞足够宽裕的成长空间让他去飞、去锻炼、去进步。不管是做一个校园摄影记者还是创办记者团，抑或是《钱江晚报》实习记者，潘越飞都没有辜负校方的期待，做出了傲人的成绩。当回忆母校时，潘越飞对学院自由、包容的治学环境仍然心怀感激。他还清晰地记得学院老师对他的帮助，尤其是当时的指导老师郑晓春老师对他的知遇之恩，他介绍说，"这个幽默自诩为'The great teacher Zheng'的老师有趣而温和，在和他的交流中感受到的是一种平等，替代了一味的指令，这让整个工作过程也变得轻松自在。"正因为如此，也让他更有机会去做了一些自己喜欢做的事情，并且坚持到了现在。他还表示，如果以后有机会一定要回到母校，将自己在学校和社会上学到的种种全部反馈给学弟学妹，也让母校见证自己的成长！

距离潘越飞毕业离校已近十年，而他的故事在时间里打磨之后被这样记录在了学院的校友录上。时间的摆钟还在风中不停地摇晃，有一些人和事都累积起来，让杭商的记录簿变得厚重而温暖。不管多少年过去，我们都会记得，有一个潘越飞在杭商院"飞扬跋扈"过。

采访记者：洪运姣　王梦瑶　方声远

缪 金

/ / /

2010 年 7 月毕业于浙江工商大学杭州商学院国际经济与贸易专业。现为杭州桑洛贸易有限公司、杭州为辛服饰设计有限公司、杭州旺牌文化发展有限公司、缪先生工作室创始人。从 2010 年开始经营男装潮流服饰品牌，2011 年接受过 CCTV2 财经类节目采访，创业经历在《第一时间》播出，是日系原创类目的先驱和引领者。现任杭州商学院绍兴校友会副会长。

走进缪先生工作室

——记国际经济与贸易专业2010届毕业生缪金

缪金毕业于杭商院国贸06甲班,他是"缪先生工作室"的创始人,是一位受过央视报道的创业成功人士。"缪先生工作室"旗下有多个原创服装品牌,在杭州滨江设有大型拍摄基地以及生产厂房。作为一位在杭州立足的地地道道的绍兴人,事业有成的缪金成了杭商院绍兴校友会的副会长。

缪先生的服装店梦想

缪金创业那些事,要从他大四的时候说起。2009年的杭州下沙,一个年轻的小伙子频繁地在杭商院和16街区穿行。这名大四学生在一次偶然的机遇下,进入了16街区的一家服装店,从此开始了他在服装行业的探索。由于本身对服装的偏爱,他忍不住向服装店店主请教了很多服装行业的问题。店主与这个名叫缪金的大四学生越聊越投缘,便热情地与他分享自己对于经营服装的心得。随着对服装店运营了解的不断深入,一颗"服装店梦想"的种子在缪金的心里发了芽。他说:"'市场调查''服装批发'等烦琐的工作听起来对技术要求并不高,它们也许很累很苦,但都是必须做的起始工作。我有信心从它们开始,慢慢摸索,一点点地学习进步。"

大四下学期,缪金全身心地投入了他的创业中。他说,不论是创业,还是上班,对于绝大多数人而言,能有自己的收入都是一件令人兴奋的喜事儿,他也不例外。创业开始的三年里,缪金说他的梦想充盈着整个灵魂,永远激情满满,总是不知疲倦地学习,加班加点地谈生意。由于刚刚起步,缪金总有做不完的事情,大到店铺装修、外出挑款拿货,小到店面整理、上架、拍照、招呼客人……所有一切,事无巨细,缪金小心翼翼地将自己所有的爱与热情注入这个"新生儿"中。

缪先生的"双十一"挑战

由于公司刚刚起步,创业前几年缪金连大学里推心置腹的朋友都无暇顾及。他说:"那时候的我啊,仿佛这个世界只剩下了那间服装屋。"回想起来,他不记得当时周围人在做什么,也不清楚那段时间学校都有什么有趣的活动,同学朋友对他的印象都是"这小伙子在卖衣服挣钱"。他没时间去解释,也不知道怎么去解释"卖衣服能做到怎样的程度"。所幸那些来自亲朋好友、邻里乡亲的疑虑,最后都在缪金的奋斗拼搏中被一一打消。

"创业一定会遇到很多挫折,这是一个过程。"缪金的创业梦并不是心血来潮,从他选择走这条路开始,他就有了心理准备。他说:"创业过程中遇到的诸多挫折,需要创业者独自面对。面临挫折,一定摆正自己的心态;诱惑之下,仍然要坚定自己的初衷,就当作这是社会对初学者人生观、价值观的考验。选对行业,找准目标,少说多做,只要坚持奋斗,迟早会得到回报的。"

除了外界"不理解"带来的小烦恼,缪金也面临着服装行业的挑战。在创业的第四年,随着"互联网+服装"的热潮涌起,缪金的服装店迎来了第一个"双十一"销售热潮。可是当时工作室连他本人才只有4个工作人员,一时半会儿也来不及扩招员工,缪金和团队成员只能没日没夜地加班。缪金说,一个多月的

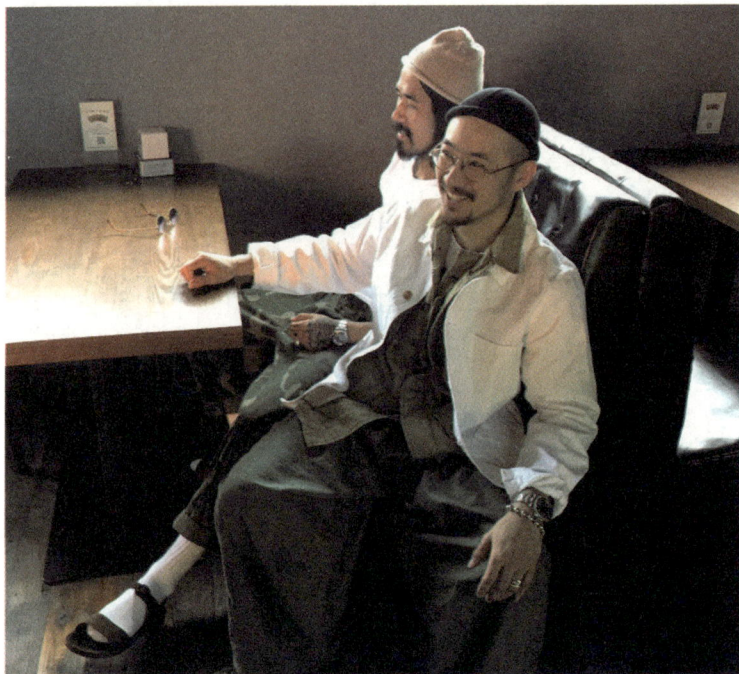

缪金（右一）工作室衣服模特照

时间里，他和工作室成员每天只有3小时的睡眠时间，除了卸货整理、配送货品之外，他每天还要接200多个电话——这些电话中，有外包厂询问出货情况的，有面料商沟通面料问题的，有客户催单的……很多时候，别说是吃饭了，连水都顾不上喝一口。好在，工作室和他都熬过了这个艰难的"双十一"，客户对他的工作室很满意，这也为后面的"双十一"及工作室的发展积累了客户和经验。他说，那是他创业以来最艰难的一段日子，让他身心俱疲。缪金知道他不能放弃一切不管，他要对自己的员工负责，也要对自己的工作室负责，更要对客户负责。现在，公司比以前完善了许多，已经经历了8个"双十一""双十二"，工作室成员也在逐年增多。现在缪金对服装行业轻车熟路，已经不再是当年那个仅凭着一腔热血干活的毕业生，取而代之的是他对事业、对工作室、对团队的责任感。

缪先生的杭商创业情

"大学四年是一个人懂事以来最快乐的四年，"一提到大学，缪金就充满笑意，他说，"小时候会面临沉重的学业，毕业工作后要承担家庭责任、承受工作压力。大学四年的生活是充满阳光的，学业成绩不再是唯一的标准和追求，大家可以选择自己喜欢的东西，有很多空余时间可以自由支配。"

刚步入大学校园的缪金被杭商院活力四射的氛围所感染，同学们对创业有着莫名的热情，几乎所有学子都跻身大大小小的锻炼机会中：卖移动电话卡、卖自行车、开奶茶店、开服装店……令缪金感受最为深刻的是开学期间那些摆摊卖脸盆、插座等生活用品的同学，这些同学当真算是不放过任何一个可以实践和挣钱的机会。"学校本身有这样的氛围，也提供了很多平台，激发学生的创新思维和实践能力！"缪金很快适应了这样的生活，校园活动一环连一环，老师也尊重学生的想法和意见，这个学校是充满激情的，是无比温暖的。除了校内有趣生动的学习生活以外，校外也有许多独特的风景。穿梭在繁荣的下沙区，和

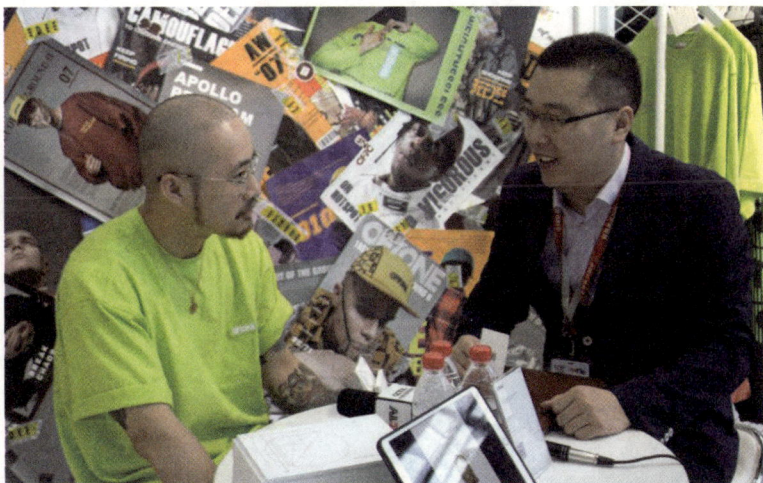

缪金（左一）接受央视CCTV2频道采访

充满创造与梦想的创业者们一起交谈，不仅让缪金得到了自我的充实，更为成就以后的"缪先生"提供了充足的"养料"。

从过往走来，缪金用沉稳的口吻，以一个创业成功学长的身份，向我们指出明路。他说："随着互联网科技的发展，企业对创业者本身的能力要求越来越高。想要做出一番事业，凭单一的专业知识是远远不能适应社会对管理者的需求的，必须学习相关的一系列知识。毕业工作以后会很忙，很难抽出时间再去系统地学习，也很难再去坚持，只有大学四年是最好的拓宽自己知识面的时期。"

缪先生工作室的座右铭是"把小事做好，把简单的事做的不简单"。大概，这就是缪金得以成功的秘诀吧！

采访记者：叶宵婷

严　斌
徐　珺

　　严斌，2010 年 7 月毕业于浙江工商大学杭州商学院金融学专业。曾就职于方正证券，现任财富证券嘉兴东升东路证券营业部综合管理岗经理。

　　徐珺，2010 年 7 月毕业于浙江工商大学杭州商学院金融学专业。曾就职于兴业银行嘉兴分行，现任民生银行嘉兴分行企金二部负责人。

衣食奔波共恩爱 涓涓岁月酿真情

——专访金融学专业2010届毕业生严斌和徐珺

　　"我想有一天遇到足够契合的一个人，我们可以一整天没有电脑没有手机，可以吃着好吃的，听着音乐，接受着彼此最邋遢的样子，聊着天南地北的话题，甚至于两两相望静静地坐一整天，也觉得很自然。"那时候，他们是最好的朋友，一起欢笑打闹，一起读书学习，然后往后余生，就都只有彼此了，没有哪个年纪是绝对的美丽，只是在那个年纪里，他们遇到了彼此。要说爱情最好的模样，杭商院2010届的严斌和徐珺可以说是很好的范本。

鸾翔凤集——优秀学子相伴成长

　　他们在大学生活中的样子在很多人眼里是优秀的，积极参加校园组织，成绩优异，徐珺更是狂扫各种奖学金。更让人羡慕的是，他们的生活因为有了彼此而更加丰富多彩。谈起大学，当时他们还是好朋友，在一个小团体里，常一起去聚餐，一起出去玩，早上几个女生去图书馆占座，男生去帮她们买早饭，为她们做好后勤工作，相伴一起走向优秀。

　　毕业后，两人都从事金融事业。严斌说："工作是和大学完全不同的环境，工作中可以用到的大学知识很少，虽然专业性的东西是不变的，但是到工作中你学到的更多是一种不一样的交往模式。打个比方，曾经有个笑话，你把一加一给小学生做，他会很快得出二；但是你给一个研究生做，也许他会做各种论证，最后他会怀疑一加一是否等于二。学校里会教我们一加一等于二，工作中是我们去探索为什么一加一等于二。"两人的工作过程中都有一次巨大变动，对此，他们表示："生活工作中很重要的是懂得感恩，有时候并不只是追求回报和效益，很多事情你认为值得的，就去做，并且认真地去完成就可以了。"

比翼双飞——生活、工作并驾齐驱

　　工作上，虽然两个人都选择了金融业，但是又觉得金融业工作忙碌、专业性强，自己未来的发展空间仅仅局限于金融方面，他们更希望未来可以多接触手工业之类的技艺，希望自己的孩子也可以接触手工业，做一个手艺人，做一个有温情的人，有一技在手，走到哪里都不怕。两个人对于生活从容向上的态度，也是两个人可以一路从大学走到如今，获得幸福生活的原因。

　　谈到人生，两人更是默契十足，比起"工作狂""不疯魔不成佛"的状态，他们更喜欢将工作和生活兼顾，这对伉俪已是儿女双全，生活愈加幸福。不论工作有多忙，他们都会在周末陪着孩子去度过属于自己的快乐时光，两人的朋友圈除了工作外，最多的就是陪伴儿女成长的点点滴滴。正是因为两个人一路从学校携手走到现在，生活中的点点滴滴都是"小确幸"，生活成了他们想要守护的东西。他们说：工作其实你可以想要最好的，但往往是没有最好只有更好的，在这期间会失去很多人生本真的东西，所以生活还是要多点烟火气，要幸福美满的好。

采访记者：骆雪嫣　龚浩淇　王晨欢

施 巍

/ / /

　　2010 年 7 月毕业于浙江工商大学
杭州商学院人力资源管理专业。在校
期间担任学院班长联席会主席、记者
团副团长、《杭商院报》编辑等职务。
毕业后任职于浙江钱江房地产集团有
限公司，从事企业文化建设、企业党
务、人力资源招聘、培训等工作。现任
集团办公室副主任。

君子终日乾乾

——人力资源管理专业2010届毕业生施巍谈为人之道

　　好看的皮囊千篇一律,有趣的灵魂万里挑一。人力06甲班的施巍,毕业近十年,仍然保有着有趣的灵魂。回顾他的大学四年,正如他毕业时写下的四言诗《大学志》所述:"时之悠瞬,遥想乾坤。只影入学,徒步学城。临时之责,善始人伦。四年班长,无形无魂。班联成立,记者风云。编辑修葺,文以泽人。儒道正清,仰德后生。诸事无他,唯有情尔。适逢缘助,立命安身。得遇美眷,偕老至贞。"

三个愿望,指明大学四年

　　众所周知,大学四年的时间很宝贵,要让自己在毕业时回顾起来少些遗憾,在大学的开始就要明确四年的方向,树好坚定的目标。在施巍的大学四年的开始,他就立下了三个目标:一是在沉默中做个"叱咤风云"的校园人物;二是在大学期间写下自己的心路历程;三是在毕业前拍一部毕业题材的微电影。虽然这三个目标最终没能完全实现,但为之努力的过程却是不可磨灭的。

"我过了一个别人无法复制的大学四年。为什么说无法复制，正是因为有这三个目标。我想在沉默中做个叱咤风云的校园人物，要沉默就要修炼自己低调的处事方式，要'叱咤风云'就要试着去学生干部的群体中做个学生组织的'头'，这让我学会的是修为、处事、待人。要写下自己的心路历程，就要厚积薄发，这里让我学会的是坚持、积累、静心。拍电影让我学会的是学习、审美、统筹。"施巍如是说道。他的宝贵经验，对每一个学子都有着清明内心、发人深省的作用。

四种品质，直面工作压力

工作了多年，施巍也经历了各种各样的挑战，他大方坦言：人需要挑战。工作中的挑战与生活相比，并不算挑战，更不是问题。对于许多问题看得很通透的他，这样看待挑战："生活的挑战才是最艰巨的。每一件琐碎的小事，都会让我们发出'生活不易'的感叹，吃、穿、住、行中充满了产生抱怨的理由，待在杭州这个城市生活的质量不经意地被降低，并不如从前想象的那样美好。"

谈到如何看待压力，施巍认为"能力越大，责任越大，压力也会越大"，"要完成期末考试、各种证明你能力的学习和考试和更进一步的学历考试，但还有友情、爱情等情感关系的建立和维系，还有工作、家庭和一切你必须争取拥有的现实"。

在工作中，施巍总结了四种必要的品质。一是为人真诚。至实者，至真也。真实可以让你真正明白生活的幸福在何处。二是内心平静。和声者，和谐也。内心的平静和谐可以让你真正明白生命的追求在何处。三是付诸实践。善行者，善知也。在实践中思考可以让你真正明白思想的真谛在何处。四是坚守正道。大正者，大器也。沧桑的正道可以让你真正明白人生的方向在何处。他也说，在工作和生活中不要忘记时刻保持笑容。笑，不是一种无奈的妥协，而是一种温柔的斗争。笑，不是对短暂生命的勉强接受，而是对苦难人生的致敬。用平静的内心和苦短的人生做一场怀有敬意的斗争，也许这就是活着的意义。

七项能力，成就前进之心

说到专业素养和能力，施巍说，最开始选择的是工商管理类专业，到大二时专业分流，选择了人力资源管理，他认为"可以不识字，不可不识人"，他认为在工作中，比专业更重要的能力还有很多。他总结了以下七类能力：一是听、说、读、写；二是沉默的品质，即所谓"敏于行，讷于言""为人性僻耽佳句，语不惊人死不休"；三是坚韧的意志，乐于做你所做的事，并把它当作生活的一部分；四是宽大的视野，视野决定胸襟；五是越孤独越自信，慎独萌发创新思维，自信才会让自己无法复制；六是平和的心态，把握住了本质便不会在意寻常的得失；七是回归意识。七项能力共同铸就一颗前进之心，为日益向上持续加能。

关于大学生是否应该考研的问题，他给出了自己的看法："要重视掌握知识，学以致用。为了满足某种虚荣心而去选择提升自己的学历和学位是不可取的。因为人的时间是很有限的，在有限的时间里选择一些自己兴趣所在的事情做，谈不上为生民立命，至少要为往圣继绝学。既然有东西学，也有事情要做，就没有时间再给考研了。"

七个愿景，积累人生经验

每个人都有自己的爱好。爱好这个词语，不讲究高端与否，只要让自己舒心畅意，就是最好的。施巍在谈到自己工作之余的爱好时，讲述了自己从小到大的许多经历，最后他感喟："过往的时间无法证明它的真实，因为现时不可感知那时候的精彩，但无可置疑的是先贤们的功业不可复制。所以，我希望我能用我的时间将先贤们沉淀出的思想好好继承一番，然后尽可能地再现那不能看到的精彩，这是我的时间赋予我的使命。"

被问到对学校建设的意见时，他更多地认为好学校在于好学生。他给学弟学妹们分享了自己的七个人生愿景：

一、一日三省于身。一日三省于身：学有增益乎？思有出知乎？行有循道乎？何以有此三省，乃因不学无知，不思无识，不行无用是也。

二、见贤思齐焉，见不贤而内自省也。见贤思齐，齐于形也。形于外修为基要，然后形于内会。见不贤而内自省，省有效仿乎？省有同德乎？省有同流乎？

三、色不异空，空不异色。色者存也，空者想也，物有存时即现是，念有想处自空想。不于实处论空谈，毕竟空谈不是干实事。

四、本无一物，不惹尘埃。生死有无，自无形之气而成人，人之生由无至有，有而渐无。过而有痕，因爱无尘，故不视有而成无用之大用。

五、方生方死，方死方生。成则败也，败则成也。若可以行深人心之安顿，便可以照见自性之超然。一切结束都只是开始，悲欣之起伏，莫若平和而淡然。

六、夫唯不居，是以不去。不居业之功，不推事之责。行所谓能为而难为之事，必以阶段之乐为乐，故而成败利钝皆有所获也。

七、君子终日乾乾。为人之勤与谨，得而有失，失而有得。日皆有勤谨之心，大咎可除，凡事皆可全之。

采访记者：娄榕翡

叶鹏飞

　　2010年7月毕业于浙江工商大学杭州商学院工商管理专业。考取并参加公务员工作,后辞去公务员工作到互联网公司打拼,成为摩拜浙江区域负责人,现为美团点评单车事业部助力车全国政府事务总监。

反复归零,不断成长

——工商管理专业2010届毕业生叶鹏飞的人生哲学

毕业于工商管理06丙班的叶鹏飞,从公务员管理层,到摩拜浙江区域负责人,再到美团点评单车事业部助力车全国政府事务总监,他从未选择安于现状,也从不荒废每一个阶段的自己。

实践真知,自掘独到经验

叶鹏飞在校期间参加过很多学生工作,曾担任过学生会活动中心主任,学生科技中心第一届主任。"第一届",意味着一个全新的团队。从无到有,意味着为组织定目标、定使命的重担落在叶鹏飞的肩上。谈到这里,叶鹏飞分享了自己做各项工作的"三部曲":定策略,建团队,拿结果。"现在想想当时做得还是不错的,现在这个组织办得也有声有色,得到了一个很好的传承。"叶鹏飞分享起了自己组建团队的心得滔滔不绝。部门分工的构思和招聘的人才决定最后团队的成绩,由他组建起来的科技中心组织过几次学校的"希望杯"创业大赛,来选出参加全国"挑战杯"的队伍,这个组织充当了为学生提供参赛渠道和提高学校在比赛中的地位的重要媒介。

遵从内心，做出最佳选择

考公务员（以下简称"考公"）还是考研究生，或者出国留学，还是索性直接就业？在叶鹏飞眼里，这些选择没有对错，都是方向，而本科生进行选择时要重视两个维度：哪个状态更适合你和你想成为一个怎么样的人。你若还想保持一种学习的状态，考取研究生会有一个环境和动力来促进你学习；而公务员则更稳定。"当你选择后，经历的时间长度越来越大，心情和心境会越来越不一样的，所以遵从内心才是最好的选择。"

"政府部门是一个相对稳定偏保守的工作环境，互联网公司会对个人的灵活性、独立性和创新性有更高的要求，"叶鹏飞语气轻松地分享了自己的工作经历和转型初衷，"跳槽要求你把先前工作的优越感全部忘掉，但互联网公司吸引我的地方就在于它没有那么安全，所以更具有挑战性。"当代本科生也能够从叶

鹏飞的经历中吸取到滋养自我的养分：跳出舒适圈，不安于现状才能发现自己更大的可能性。

浮沉之间，释压活在当下

　　人生起起落落，如何很好地调整处于低谷的自己？针对这个问题，叶鹏飞分享了一本书——《高效能人士的七个习惯》。首先，培养好主动积极的习惯，这将成为一个人的气质和状态，遇事能够尽快地进行调整。其次，针对解决让你进入低谷的这件事，认清自己做这件事的难易程度要先于考虑事情本身的变化，"人"才是解决"事"的载体。最后是冷静，"没有什么事过不了，回头看看都不算事，那么为什么当下要冲动呢？"这是叶鹏飞反复嘱咐本科生的一句话。同时，要学会借助外力，适当地释放自己的压力。叶鹏飞还分享了自己释压的"屌丝三件套"：看书、音乐和旅行。无关乎事情本身的格局高低，只要是自己喜欢的且正面的，能找到发泄的一个突破口，能够获得精神上的放松就够了。

　　对于学弟学妹的建议，叶鹏飞分享了以下几条：要有目标，但是目的性不能太强；享受当下，毕业后回头看，自己个人的空间和时间会越来越少，只有大学你才有足够的时间来做自己想做的；养成阅读的习惯，多看书，毕业后静下心去看书的机会越来越少，不是时间少了，而是你心态变了；明白培养学习习惯的重

要性大于锻炼学习能力本身，好的学习习惯和强的学习能力是进入社会的基础；多交朋友，适应社会的人际沟通环境，多参加学校中的活动，多跟大家在一起，多交流，同时交一两个可以交心的朋友，珍贵且难得。

　　做好一切事情的前提是爱自己，做好一个阶段该做的，选择自己想选的，人生没有那么难，只要由心。由此指引，叶鹏飞活在了当下，享受了人生。

采访记者：郑茹翔

羊路加

　　2011年7月毕业于浙江工商大学杭州商学院法学专业。先后在富阳法院法警大队、城南法庭、执行局工作，现任富阳法院执行局第五团队副团长。从事执行工作4年，曾获执行三等功，累计办结案件1326件，执行到位案款1.55亿元。多次被评为优秀公务员、先锋党员。执行"攻坚"以来，连续3个月被评为执行办案标兵。

咬定青山不放松

——法学专业2011届毕业生羊路加的执着

    谈及司法,人们的第一印象一定是制服革履;论及警察,第一反应也一定是刻板严肃。然而作为年轻的司法警察,当事人却亲切地称呼他为"贴心暖男"。他,便是羊路加。

执着于执行,他勇往直前

    昼夜无分,四季游走,执行人需要异于常人的付出。羊路加向我们描述说,现今案多人少,最多的时候其手上有400多个案子,最多一个月曾经结了124个。但作为年轻干警,从投身执行工作的那一刻起,他便丝毫没有退缩。从接到深夜举报,尽心尽力处理案件至凌晨,到主动利用夜晚、周末及节假日处理数量巨大的案件,他的执着坚守,在每一个瞬间都流露出他对执行工作的热爱。

当提及就业压力时,电话那头的他坦言道:"每一个岗位的压力都很大,就看你的个人价值需求。"据了解,羊路加曾就职于富阳法院法警大队、城南法庭、执行局,但在他眼里,每一份工作都会有不同的压力。例如在执庭时,需要管住当事人,不留任何让其逃走的机会,并在执行期限内规范执行程序,认真了解判决书,思考是否会造成负面效果等,有时甚至会遭遇当事人家属围堵,"老赖"拿刀砍人、泼硫酸的危险事件。"你的压力其实也是你的动力。"无论是高强度的执行工作,还是高危险的出勤办案,他都将压力转化为了动力,在坚定执行的道路上勇往直前。

执着于实践,他厚积薄发

忆起当时,羊路加提到,大学刚毕业时,他与同寝室的人都没有从事与法律相关的职业,而是都投身了金融业。但他强调,法律是一种工具,对自己的工作很有帮助,他与其他专业的人差距就在于懂法与否、会用法与否。但法律同样也是一门很容易钻牛角尖的学问。只有实践才能出真知，很多时候，只有参与了，才能参透其中的奥妙。

谈起给学弟学妹的建议，他认为，决心要从事法律工作的同学可以多研究法学系教师的授课之道。他们大多为挂职律师，在讲课时通常会贯彻审理案子时的思维，对法学的学习有很大裨益。同时，积累实践经验。在大一、大二、大三的暑假外出实习，选择法院、检察院、律所等工作性质不同的单位，能够获得不同的实践经验，认识到的人、学习到的东西，都会有所不同。唯有执着于实践，方可厚积薄发。

执着于兴趣，他永不言败

谈及大学时代最深刻的印象，羊路加笑道："我跟你（采访记者）一样，大学时代也是记者团的。"出于兴趣，他与团长潘越飞共同创办了杭商院记者团，成了技术编辑部的第一届成员。他谈到，那时候做过电子杂志，在做视频、修照片的过程中感受到了快乐。同时，他也结交了各式各样的人，培养了他人际交往的能力，为现在执行工作中与当事人及家属沟通打下了基础。

工作之外，他朋友圈分享较多的就是运动。今天"打卡"5千米，明天继续器械任务……定期运动状态的更新看得出他对运动的喜爱。除了跑步、健身，他还特别擅长篮球运动。现为富阳法院篮球主力的他，大学时期也是篮球发烧友。约上三五好友，课后来场篮球赛是他大学时期最真实的写照。"那时候一周要打三场球才过瘾。"回忆起大学，羊路加提及曾拿过"杭商杯"第三的佳绩。篮球场上，大家总能看到一位身穿24号球衣的球员，身姿矫健，动作轻盈，时而突入内线上篮，时而三分远投，总能不经意间给对手以致命的打击。

如同一项事业离不开长年累月的坚守，篮球场上果断出击得分的背后，也是需要场下持续的训练与付出。说起24号球衣，正是他特别喜欢的一位NBA球星科比在湖人队时的球衣号码。凭借异于常人的努力，科比在高手林立的联盟里取得骄人成绩，但终因伤痛与年龄，他走到了退役。"你永远不会被打败。

你只是会跌倒,但依然能勇敢地爬起来。"羊路加的朋友圈写着这么一句话,这既是对偶像的寄语,也是对自己的勉励。篮球运动历练了他不屈不挠的性格,也造就了他永不言败的工作态度。

采访记者:孙　悦

周伊莎

/ / /

2011 年 7 月毕业于浙江工商大学杭州商学院法学专业。上海建纬(杭州)律师事务所合伙人,曾挂职于浙江省人民政府法制办公室、浙江省司法厅。

职场七载，不忘初心

——法学专业2011届毕业生周伊莎的人生经验

她的声音很好听，说话时总保持着一种开朗的彬彬有礼；她认为自己是一个普通的人，采访中自始至终保持着谦逊。她将"普通"定义在她的身上，她有着许多重叠的影子，而在她看来最重要的那一个角色，便是律师。

上海建纬(杭州)律师事务所合伙人、杭商院法学专业2011届毕业生周伊莎，通过个人经历的分享为我们解开对"律师"这一职业的疑惑，也总结了自己追逐梦想的心路历程。

律师，一个注定要付出艰辛的职业

"其实闯入律师这扇门，也算是误打误撞。只是进来之后发现了其中的趣味，便坚持到了现在。"当面对大家对"律师"这一职业的好奇，周伊莎说道："选择成为律师，就要做好抗压的准备。这种压力不仅来源于案件本身，还取决于律师的职业性质。和其他的职业不同，作为律师，我们必须努力获得案源以获取相应的报酬。一旦忙碌起来，工作和生活是无法完美地兼顾的。"比如说准备案件，准备一个案件就要付出非常大的心血，庭前要把自己所代理的整个案件，包括法律问题、事实问题前前后后都搞清。由于自己在法庭上所说的每一句话会被记录下来，如果有一些事实自己没有经过深思熟虑的话，有可能对自己的当事人不利，所以压力会很大。在她看来，一个人倘若缺少对法律的信仰以及对律师这份职业的热爱，即便是选择了律师这一职业，也难以真正坚持下来。听了周伊莎的一席话，我们进一步体会到了律师的艰辛，也感受到了作为一名法学专业学生的责任与压力。

与大多数人一样，周伊莎在职业道路上也遇到了一些困难，"当时我觉得自己的知识难以应对现实中复杂的案件，且获得的案源也不多"。周伊莎认为，职场新人面临的主要困难是案源少和知识更新速度跟不上行业更新节奏。针对这一问题，她也给我们提出了建议："法律专业知识更新速度非常快，作为一名律师，我们必须不断地充实自己、拓宽眼界并提升专业素养。"

遇到种种困难的时候，放弃的人很多，坚持走下去的人也不少。周伊莎说：

"其实有一段时间我差点不想做律师了，但是咬咬牙也走过来了。"坚持不是一件容易的事情，克服困难也并非想象中这般容易，但是成功属于坚持的人。正如她所说："每一个行业都有它的无奈，没有一个行业和专业是轻松的，我们一定要摆正自己的心态。"

主动发现兴趣，寻找适合的放松方式

律师是一个看起来很"酷"的职业，有攻守自如的姿态、衣冠楚楚的形象，但"酷"的背后也会有常人看不到的"苦"。面对这些困难，周伊莎会选择自己喜欢的方式来调整自己的状态。"我喜欢旅游，忙碌之余出去走一走看一看，心情会放松许多。同时，在旅途中静下心来反思自己的问题并且沉淀自己，会让旅行变得更加有意义。"绘画对周伊莎而言，也是一种极好的放松方式。打开她的朋友圈，我们可以看到风格各异的画，正是她生活态度的真实写照。"我们在学习的过程中探索和发现自己的兴趣和特长，同时也找到适合自己的放松方式，然后把自己喜欢的事情做到极致。"这是周伊莎对自己的总结，也是给学弟学妹的建议。

周伊莎（中间）与寻甄记者团成员合影

逆水行舟，不进则退

周伊莎在校期间严于律己，获得了一等奖学金等不少荣誉。面对这些，她始终保持着谦逊的态度。对于学习，她也与我们分享了不少自己的见解。"逆水行舟，不进则退。要保持进步就必须学习。"这简单的一句话，蕴含着深刻的道理——"原地踏步也是一种退步"。

周伊莎曾担任班级学习委员。对待工作尽心尽责的她，不仅积极督促同学们学习，也与同学们分享自己的学习资料。"我觉得担任班委，很大程度上就会顾及整个班级的同学，我们不再只是为了自己去考虑一些事情。同时，我们会在奉献中实现自己的价值。株壮枝繁叶茂盛，叶阔护枝遮根荫，心怀感恩努力成长。在这一过程中，我们会换位思考并顾及他人的感受，会主动向他人伸出援助之手，所收获的来自心底的喜悦诠释了我们参与到每个活动中的意义。"进入大学，许多同学对如何平衡好学习与学生工作两者感到疑惑。对于这一点，周伊莎表示："明确自己的目标，并合理规划自己的时间非常重要。"优秀的人总是相似的，他们会摸索出自己的方向，把事情做到尽善尽美，在不计得失的过程中一切都会水到渠成。

考研的人孜孜不倦地读着书，带着自己的梦往前冲；创业的人带着满身的包袱爬悬崖，携着全身的坚忍孤注一掷。周伊莎享受着自己的步调，朝着自己的目标前进，她的状态非常好。所以，并不是说哪条路更对，而是要基于自己的内心，选择最不辜负生命的那条道。可以艳羡他人，但不可以输掉自己。

采访记者：郭芸冰　洪纯愿

周佳奇

/ / /

2011年7月毕业于浙江工商大学杭州商学院法学专业。曾就职于世界500强企业——渣打银行(中国)有限公司。自主创业后,先后创办3家公司,现任宁波市创二代理事、宁波市创业导师、浙江工商大学杭州商学院宁波校友会会长等职。

言必行，行必果

——法学专业2011届毕业生周佳奇的经营理念

2011年6月，和众多毕业生一样，应届毕业生周佳奇选择了进入职场历练。三轮面试，他过关斩将，最终在世界500强企业——渣打银行杭州分行获得了宝贵的工作机会。在一无资源二无人脉的情况下，他在入职半年内取得了当季的最高销售额，并拿下"渣打好声音"比赛冠军，让公司领导和同事对这个高高瘦瘦"才兼文武"的男孩刮目相看。谈及在渣打银行工作的那些年，周佳奇表达了对团队成员的感激之情。

如果说在渣打银行的工作历程是顺风顺水的，那么周佳奇转战创业的过程可以用披荆斩棘来形容。相信很多人会很疑惑，为什么会辞去稳定而小有成绩的工作，转而选择创业呢？"子承父业"是周佳奇开始的想法。起初，周佳奇准备回宁波帮助父亲，但从单一的销售岗位转向纷繁复杂的企业运营，行业的切换、岗位的调整以及与父亲的磨合还是让其在一段时间内找不到曾经如鱼得水的感觉。"当时都感觉得了焦虑症；也是那一年开始尝试用跑步来减压，一直坚持到现在。"周佳奇说道。

周佳奇(左二)与寻甄记者团成员合影

辞职世界500强，勇闯高新技术领域

在从渣打银行辞职，到接手家族企业的这一过程中，周佳奇不断在产品定位、市场开拓上下功夫，从而使公司逐渐步入正轨。"上善若水润物无声，厚德载物源远流长"，这是周佳奇办公室墙上的一句话，也是其公司的企业文化。先前超声波清洗设备主要应用于工业精密领域，周佳奇创业后选择了将其用于清洗服务领域，并逐渐延伸至企业B2B服务领域。

环顾公司各个角落，大到会议室、办公室的墙壁，小到办公桌上书签的刻字，都能看见"上善若水，厚德载物""细节决定成败"等名言警句。这不仅体现了周佳奇为人处世的风格，也是其对企业发展理念的最好诠释。

公司生产车间图

公司生产的清洗流水线

不忘初心，砥砺前行

　　谈及大学的四年，周佳奇表示受益匪浅。他无比感谢在母校经历的一切，感谢母校的老师给予其成长的机会。在大学期间，周佳奇担任校学生会执行主席，也曾获浙江工商大学2008年度校十佳歌手、校公关礼仪之星、校优秀学生

寻甄记者团成员向周佳奇（左一）赠与纪念品

干部等诸多荣誉。荣誉的背后，是周佳奇在一次次地栉风沐雨、砥砺前行。他谈到自己作为校学生会主席的经历——接受指导老师的委托，组织学校大大小小的活动，和干部、干事一起在校内"抢地盘"，热闹又激昂地开会讨论工作的每个细节，享受着创意与青春的碰撞。他十分怀念这段岁月，团学工作的历练让其形成了自己的工作方法，变得更加沉稳与自信，也正是这些经历，让他从一个职场菜鸟迅速成长为销售精英，并为之后的创业奠定了基石。回到宁波后，出于对母校的感情及责任心，周佳奇积极张罗宁波地区校友会的工作，并当选为浙江工商大学杭州商学院宁波校友会会长。正如他对宁波校友们所期望的："书藏古今，港通天下；杭商校友，勇立潮头！"

最后，谈及对学弟学妹的建议时，周佳奇叮嘱道："一定要保持好奇心，要多去图书馆给自己充电和开阔眼界，多参加暑期实践，积极拥抱社会的变化；提前做好规划，不忘初心，勇于实现我们这一代青年的抱负，承担起自身的使命。"

采访记者：夏祎琪

沈费伟

/
/
/

　　2012 年 7 月毕业于浙江工商大学
杭州商学院公共事业管理专业。浙江
工商大学行政管理专业 2012 级硕士
生、南京农业大学公共管理学院行政
管理专业 2015 级博士生。现为杭州师
范大学公共管理学院副教授,行政管
理系学术主任,硕士生导师,卓越人才
计划入选者。入选中国科协高端科技
创新智库青年人才培养计划、浙江省
杭州市社科规划青年人才培养计划,
获得杭州市高层次人才等称号。

青春需早为

——记公共事业管理专业2012届毕业生沈费伟

探路之如履薄冰,行路之矢志不渝,领路之循循善诱,用实力证明自己的能力,让普通的自己不再普通。他就是杭商院2008级公共事业管理专业学生沈费伟。

心中有规划,脚下有道路

凡事不设限,有着未雨绸缪的学习规划意识是他大学四年过得充实而又光鲜的重要原因。人生到了大学,不再如以前,虽是千军万马过独木桥,却有着明确的前进方向。初入校园,他给自己上的第一堂课就是阅读学生手册,熟悉各种奖学金及竞赛要求,从而去制订自己阶段性的学习计划。除此之外,他还着重加强自己的学术论文撰写能力,大学期间他跟着张丙宣老师学习如何修改论文报告,并将暑期社会实践报告成功发表在《宁波大学学报》上。尝到甜头的他,在大三决心考研,并立下日后走科研路线的决心,这是他考取研究生,再到博士,直至今日成为一名研究生导师的前提。作为研究生导师,他觉得考研必须首先明确自己想要报考的学校和方向，选择本专业考研或是跨考，从而依据专业参考书目带着目的性去学习。在成为研究生之后，也必须要做好自己的规划：1.多读书，多读理论经典；2.多去锻炼自己的写作能力；3.多参加一些研究会的活动；4.多发表学术性研究论文。这不仅能够提高学术研究能力，也是一名研究生应该具备的技能。他强调，规划，比不规划重要；规划，也比努力更重要。

璞玉于此，虽万镒，必使玉人雕琢之

"如何成为更好的自己"是他在杭商院2019级开学典礼上的讲话题目，进入大学的学生是不可多得的美玉，但美玉也需要打磨，反之则华而不实。他通过分享自己在校期间的学习感悟，并结合自己的成长经历告诫同学们，在大学里最重要的就是培养综合能力，例如活动组织协调能力、应聘时的口语表达能力、与导师的沟通能力等。就他而言，大二时自己带队去绍兴参加暑期社会实践，自己联系报社，做活动宣传等；在校期间担任校青年志愿者协会（以下简称"青志"）、学生会干部、班长、学习委员等多种职务，这些丰富的经历让他从一个不敢表达自己想法的人逐步成长为具有成熟的统筹领导能力的人。他说："其实大学里社团活动层出不穷，学科竞赛覆盖面广，加入社团组织、担任班委是对自我能力的考查；获得奖学金、荣誉称号是自我能力的折射，但这些最终指向都是自我能力的提升。人生的不同阶段要完成不同的任务，大学就是对

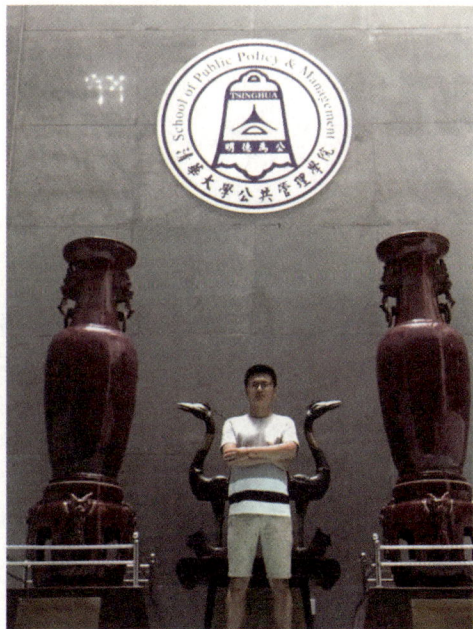

自己进行的全方位打磨。"

在谈到如何才能在众多大学活动中沉下心来搞科研时,沈费伟说:"不要把学习当成一场比赛,享受过程更重要。"他强调:"学术科研并非一路坦途,每一次学术的进步都是克服一次一次艰难挫折取得的。"在刚进入南京农业大学读博的时候,他的心情是比较急躁的,对自己的学习要求严格,希望能早点完成博士毕业论文,顺利毕业。在这种情绪的影响下,反而寸步难行。而后在导师刘祖云老师的开导下,他慢慢地摆正自己的心态,逐步适应新环境。心态放松下来的他取得了优异的成绩,学习的压力也越来越小,并在导师的指导下开始了自由研究。随后进入了科研迸发期,博士期间以第一作者身份在《农业经济问题》《中国人口·资源与环境》《国外理论动态》《人文杂志》《中州学刊》《公共管理评论》等CSSCI来源期刊上发表学术论文15篇,其中4篇论文被中国人民大学复印资料全文转载,1篇论文被《高等学校文科学术文摘》转载。还在浙江省人大常委会机关刊物《浙江人大》上发表12篇时事评论,参与4部学术专著撰写,独立主持中国科协"高端科技创新智库"青年项目、浙江省社会学会专项课题、杭州市哲学社会科学规划课题、清华大学中国农村研究博士论文课题、江苏省普通高校研究生科研创新计划项目。众多的论文和课题使他具有了"科研达人"的称号。

饮水思源,拳拳赤子之心

在谈到母校的发展时,他认为杭商院在商科学校的定位下,应该将这一特色做到规范化、精确化。因此,要在做好商科专业发展的标准下再去扩展其他分支专业,专业求精不求多,把自己的特色发挥到极致。作为从杭商院走出去的学子,他对母校满怀期待,相信母校会越办越好,学弟学妹们也会越来越出众。竞争是来自四面八方的,我们能做的就是不断提升自己的实力。

　　在收到母校邀约在2019级新生开学典礼上作为校友代表发言后，他满怀感恩之心，用心准备发言稿，多次与学院领导、老师探讨讲话稿，他希望自己的经历及发言能够激励新时代的"杭小商"们找准定位、努力学习，成为社会的栋梁之材，为杭商院争光。

采访记者：厉雨茜　张沈秋

丁心怡

/ / /

　　2012年7月毕业于浙江工商大学
杭州商学院行政管理专业,在校期间
曾担任浙江工商大学公共管理学院学
生会主席。硕士研究生就读于香港大
学,修的是多媒体教育专业。现任华
泰证券研究所港股企业关系部门经
理、浙江旅港青年会荣誉会长。

充满热情和保持新鲜感

——行政管理专业2012届毕业生丁心怡畅谈人生的制胜法宝

职场女强人——零经验也可以做得很好

从学校步入社会，丁心怡很快适应了社会的生存法则，在岗位上的突出表现让她获得了华泰金控2017年度"优秀员工奖"——"Best Collaboration Award"，此奖项整个华泰证券港股研究部仅她一人获得。那么，是哪些优势让丁心怡可以获得如此殊荣呢？她为自己总结了三点。

第一，坚持。硕士研究生毕业后的丁心怡和大多数人一样，一边认真完成当下的工作，一边寻找自己留在香港的意义。幸运的是，她很快就找到了适合自己的岗位。但令丁心怡陷入迷茫的是，当时并没有招聘该岗位的公司。即使这样，她决定抱着试一试的心态，向几家心仪的公司投出了精心准备的简历。丁心怡坦言，对于这份工作自己没有任何经验，但好在热爱。由于没有任职经验，丁心怡经历过多次失败："我被拒绝过很多次，但我不会放弃，对我来说被拒绝不会损失任何东西，我从小到大一直坚持的一点就是一定要发挥主观能动性。"丁心怡的坚持最终还是打动了多家公司的经理，她成功参加了面试，也收到了一些公司的offer，丁心怡在仔细权衡之后选择了华泰证券研究所。

第二，热情。因为喜欢，所以充满热情；因为充满热情，所以丁心怡每每提到自己的工作时眼里都放着光，语气中是止不住的兴奋与自豪。有时候睡着觉突然想到一个很好的点子，她就会立刻记下来。对她来说，这早已不是单纯地在做一份工作，而是将工作完完全全地融入了自己的生活。丁心怡说："工作一两年时不知道自己想干什么，没有问题，两三年也没有问题，但不能四五年甚至十年都还不知道自己到底想干什么，每个人一定要找到自己喜欢的工作并一直保持热情。"在这点上，丁心怡认为自己是幸运的。

第三，人际交往能力。这也得益于丁心怡在校期间做学生干部时所获得的经验。学生时代的丁心怡是典型的"别人家的孩子"，不光是学习成绩好，还担任班长和院学生会主席。这四年的磨炼让丁心怡在为人处世方面更加得心应手。"这是一项必备的技能，也不光是工作时，在生活中我也经常从别人的角度出发去考虑一些事情。"

丁心怡提到，能够拥有让自己脱颖而出的优势固然重要，但更重要的是一个字——做。很多事只有做了才知道适不适合自己，只有做了才知道会不会成功。从一开始的零基础到现在的职场精英，丁心怡绝对可以说是工作上的女强人。但她并没有为自己的未来规划非常宏伟的事业蓝图，踏踏实实地做好分内工作、让自己变得更有经验更成熟，对目前的她来说才是最重要的。

"别人家的孩子"——实践方能锻炼能力

丁心怡在校学习期间获得过无数奖项，如"浙江省杭州市文化产业博览会优秀志愿者"称号、暑期社会实践校级先进个人、感动公管十大杰出人物"领导之星"称号、"浙江省优秀毕业生"称号以及多次校级奖学金。当然，她也是社会实践优秀个人的代表。丁心怡印象最深刻的一次社会实践是她在读硕士研究生时，她与另外三名同学拿着港大的奖学金去安徽支教。虽然教学实践只有短短半个月时间，但丁心怡一行人却与当地的小朋友和老师们建立了深厚的感情。她们带去的是孩子们从未接触过的多媒体教学，还给孩子们送去了很多平板电脑，为孩子们打开了新世界的大门。临走时，孩子们都哭着舍不得让她们走。这个场景一直刻在丁心怡的心底，同时她也认识到要解决他们的问题并不是提供基础设备就能简单实现的，还需要做长久的努力。

丁心怡曾作为学生代表前往菲律宾、日本、土耳其参加交流访问。除去学生干部这一优势外，多才多艺也是丁心怡在众多学生中脱颖而出的一大利器。才艺表演一直是国际交流访问的必备环节，而此时会唱歌、会跳舞、会唱越剧还会主持的丁心怡显然就成为校方的"底气"了。孩童时代的丁心怡参加了无数大大小小的比赛，这些特长都是那时培养起来的。谈及这些，丁心怡表示要特别感谢自己的父母："我的爸妈从来都不会对我说不行，他们一直以正面的、鼓励的方式让我去做所有我想做的事情，在这一点上我真的很感谢他们。"

提到出国留学，丁心怡向有这个想法的同学建议说，在把英语学好、提高各科成绩的同时，一定要摆正心态，千万不要为了留学而留学，不要觉得自己一定比那些没有留学过的同学要强,留学回来后还是要踏踏实实工作。

从校园走进社会,丁心怡一直没有放弃的就是社会实践。她说:"我非常鼓励在校学生参加社会实践和社团活动,我来香港读书后发现香港很多社团活动都是自下而上的,而内地很多高校还是自上而下,大家参加社团活动时一定要和兴趣相结合,这样做事的时候才会充满热情。"

现在的丁心怡不仅是职场女强人,出于对社会工作的热情,她还担任浙江旅港青年会荣誉会长。浙江旅港青年会是由在香港就读、就业的浙江学子自发组建的非政治性、非营利性的团体。尽管平时工作繁忙,丁心怡和青年会的成员也一直都在开展社团工作。她也由衷地希望这个团体可以一直传承下去。

向往的生活——一直在路上

翻看丁心怡的朋友圈可以发现,她的旅游照占了一大半。生活中的丁心怡是一个十足的旅游"发烧友",自己设计路线游览了瑞典、丹麦、芬兰、马来西亚、斯里兰卡等国家。大多数人由于工作繁忙,很难抽出时间去旅游,但对丁心怡而言，旅游完全不会影响她的工作，反而会提高她的工作效率。"我认为不能单纯地以工作时长来定义一个员工工作的成果和效率，并不是天天加班就是一个好员工。一个好员工应该足够了解自己的工作，知道自己一年中哪些时间段在忙，再去规划旅游时间和路线，这样就完全不会有旅游和工作相冲突的烦恼。"旅游已经是丁心怡生活中不可缺少的一部分，在高强度工作之后，旅游才是她最好的休息方式。不仅仅是为了放松心情，而是为了更好地工作。"在繁忙的工作后，一定要去接触一些新鲜的东西，眼球也好，视觉也好，让生活始终保持新鲜感和生命力，这个时候再回来投入工作反而会有不错的效果。"

在交流的过程中，丁心怡的思绪不禁飘回了以前。她回忆道，2017年10月份她约了大学时期的三个室友一起去了海南。大家平时都忙于事业，能够约在一起本就是一件很难的事情，因此她们更加珍惜在一起的时间。四个女孩手挽手边欣赏风景边回忆以前，晚上坐在一起聊天仿佛又回到了从前学生时代在寝室里说笑的场景。

丁心怡从未停下脚步，她一直在路上。

采访记者：陈喆雨

齐　吉

/ /
/ /
/ /

　　2012 年 7 月毕业于浙江工商大学
杭州商学院市场营销专业。他是勇闯
潮头的创业者,现为杭州一链信息技
术有限公司 CEO。他从无到有,从屡
屡挫败到重振雄风直至成功。由杭商
院出发,齐吉不断闯荡,目前已拥有了
自己的公司,同时担任跨国公司大中
华区负责人。

人生航线，驾驭自如

——市场营销专业2012届毕业生齐吉印象

学识积累，挖掘更好的自我

谈起本科阶段带来的学习影响，齐吉表示："本科阶段的学习，除了专业知识外，更多的是培养应用能力，以及思考问题、解决问题的方式。"在本科学习过程中，除了深入学习专业知识外，由课堂学习迁移而来的能力影响更为深远，其对于后期工作所起的借鉴意义大于专业知识本身的应用。"感谢母校老师的辛勤培育，我一直以我是浙江工商大学杭州商学院的学生为荣。"齐吉感慨道。

在校期间，齐吉从一名懵懂的小干事，到身兼杭州市学生联合会驻会主席、校学生会执行主席等多个职务，学生工作充实了他整个本科学习阶段。"可以说，学生工作是那个阶段最好的、免费的自我成长、锻炼的平台，可以得到非常多的锻炼、成长机会，还能在过程当中学到做事的方法、提高处事的能力、收获成功的经验，更能积累宝贵的同学情谊、加快融入社会的速度。"齐吉在分享自身学生组织工作经历的同时，也鼓励在校大学生在时间与精力允许的情况下多多参加学生组织活动，敢于作为，才能有所作为。

自我调节，做出从心选择

被问及处于人生低谷时如何重振自我、再次出发时，齐吉表示："人生没有绝对的低谷，只有不愿再搏的妥协。"他在每次择业转行时，也不能百分百确定未来，也是一步一步从头再来。齐吉有过很多的从业经历，也没有幸免一些常遇的挫折——在银行做企业信贷业务时，自己跑过市场、扫过楼、吃过闭门羹；创业初期在众创空间谈下几张办公桌带着几个员工开始工作，也走过很多弯路。"而在这些拼搏的过程中，你的信念决定了你的坚持，工作初期还是要有一点韧劲。"不言弃，就不会失败，希望齐吉的一番话能够为正在逆境中挣扎的杭商院学子们指明方向，前途是光明的，只要你此刻还在奋斗。

谈起最近的"考研热"，齐吉也有自己的看法："考研是一件事情，就如同高考一样，而不是一个状态，考研是为了继续学习。就我个人来说，我不唯学历论，在公司内部我也常说，重人品、重能力，最后是学历。"但同时，他也表示在本科扩招的背景下，学历在就业竞争中的要求也越来越高，一个更高的学历在求业前期的确能节省求业者更多的时间。

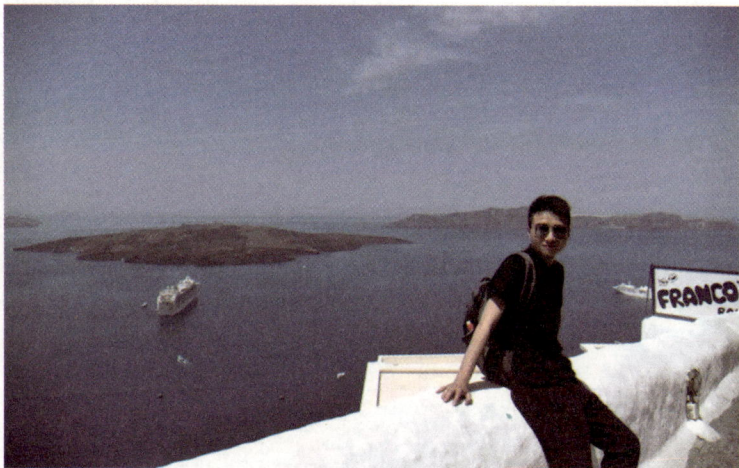

习惯养成，掌舵精彩人生

采访过程中，齐吉反复提及"踏实做事"四字，他将其归为一种习惯。脚踏实地，你才不会忘本，你才不会误入歧途，你才能在人生航线中自我掌舵，保持一定方向。

最后，齐吉也给出陪伴其奋斗至今的几句话与杭商院学子共勉："青春最好的状态就是把自己能做的事做到极致；工作最好的状态就是高调做事，低调做人；人生最好的状态就是尽人事，听天命。"

采访记者：郑茹翔

施琳霞

/ / /

2008年9月考入浙江工商大学杭州商学院旅游管理专业,大三凭借两次特等奖学金和专业第一的成绩,通过浙江工商大学"人才立交桥2+2"项目转入旅游学院旅游管理专业。硕士毕业于香港中文大学。后回浙江工商大学杭州商学院任教。工作期间,主要研究方向为服务管理、旅游管理,担任"现代服务业管理""商务礼仪"等课程教师,主持或参与课题10余项,主编或参编教材3本,荣获"管院荣誉教师""优秀班主任""毕业生就业工作先进个人"等称号。从学生身份到执教生涯,一贯秉持"勤以致学"的态度,工作之余获得省级创业导师、国家心理咨询师、国际注册礼仪培训师、City&Guilds国际注册高级形象管理师等证书。

心系杭商院，十年情更深
——旅游管理专业2012届毕业生施琳霞的杭商情

从青春懵懂到为人师表

穿过青葱的绿荫道，走进杭商院的管理大楼，在众多的教师办公室里有这么一位美丽温柔的女教师，她叫施琳霞。这位年轻的施老师现任教于旅游管理专业，与其他年轻的在校教师不同，施琳霞老师与杭商院已经是十多年的"老朋友"了。她曾是浙江工商大学杭州商学院旅游管理专业的学生，因表现突出，成功获得了进入浙江工商大学本部就读的机会。以优异的成绩从浙江工商大学毕业后，又前往香港中文大学攻读硕士研究生。

从青春懵懂到成家立业，十多年的时光让施琳霞从一个普通的大学生蜕变为她曾经想要成为的样子，收获了美满的爱情与事业。也许是缘分使然，兜兜转转她以新的身份回到了母校——浙江工商大学杭州商学院。

施琳霞（中）与毕业生合影

让优秀成为一种习惯

施琳霞说："我常常对孩子们说'让优秀成为一种习惯'，没有可能或不可能做到的事情，只有愿意或不愿意多做的心情。"她之所以这么告诉孩子们，是因为她这么做的也做到了，她用自己那份执着的心情带自己走到了更大的舞台。她并不觉得自己有多么的优秀，但是生活是一点一点改变的，十年的时光足以见证。

"其实，那些看似很困难的挑战，在完成之后会发现不过如此，每个人都有可能做到。比如'直通车'进本部，竞争十分激烈，但只要想着'每天比身边的人多进步一点'，就可以超越他人，遥遥领先。'习惯'很重要。有的孩子觉得课上认真听讲就足够了，但也有的孩子回去还会很认真地完成作业、订正作业。当觉得这样就足够了的时候，有的孩子会用空闲时间自己整理知识点，然后尝试走出去参加各种比赛。坚持比别人多做一点，凡事想着尽善尽美的人，总有一天会与别的人拉开差距。同样的道理，放到一个企业中也成立。试想一个老板

是喜欢一个能够超前完成任务并及时反馈的员工，还是一个需要老板催促、询问工作状况的员工？"施老师用两个例子向我们解释了"让优秀成为一种习惯"的含义，这是她过去十年的人生经验，也是她对孩子们的悉心教诲。

情系杭商，肩负责任

施琳霞一直以极其负责的态度面对自己的生活，从她的"优秀习惯论"可以看出，她是一个独立自主、有想法的人，能够自己规划未来。

"专职不对口"是当今社会的普遍现象，引起这种现象的因素有很多，但无论什么原因，"迷茫"是当代青年的普遍问题。从这点来看，施琳霞无疑是令人佩服的，她的爱好与专业自始至终不曾改变。用她的话来说："我从高中就喜欢旅游管理这个专业，所以就'一条路走到黑'。"尽管"回到杭商院做一名教师"不在她的人生计划中，但也未曾脱离她的"大纲"。"术业有专攻"，钟情于一个兴趣点并为之奋斗了十多年，施琳霞的这股执着劲儿着实令人赞叹不已。

施琳霞（前排右一）与学生在教室合影

　　以往在学校学习知识，现在回学校教书育人。施琳霞说："学校还是如此的亲切，但是对比前后两次，心境不同了。"认识的老校长成了直接领导，原本尊敬的师长转变成了自己的同事、伙伴，有的老教师退休了，有的年轻教师初来乍到，一切都有了变化。"感觉十分奇妙，仿佛冥冥之中杭商院成了我第二个家。"她笑着说。她觉得自己对待这份工作不仅仅有一个认真的态度，更肩负着"使命感"，她并不只是为自己而工作，更是为了这群青春洋溢的孩子，也为了这个温馨的杭商院大家庭。

　　同时拥有着"学姐"和"老师"双重身份的施琳霞对待学生自有她的一套准则。课上她是严肃负责的老师，课下她是与同学们相处甚欢的"同龄人"。她不断地提升自己，不断地丰富自己的教学，对孩子尽心尽力地灌输知识，她希望新一代的青年能够青出于蓝而胜于蓝，她也希望从杭商院走出去的孩子都可以为校争光。

采访记者：叶宵婷

谢楚帆

　　2012 年 7 月毕业于浙江工商大学杭州商学院市场营销专业。在校期间任记者团编辑部部长、原《杭商院报》副主编。毕业工作两年后选择创业，现任杭州德谷品牌管理有限公司 CEO 及上市公司哈尔斯真空器皿股份有限公司副总经理。

杭商的"U盘"型人才

——记市场营销专业2012届毕业生谢楚帆

早在大一,谢楚帆就对自己的职业规划有了一个清晰的认知,并因此获得了校内大学生职业规划设计大赛冠军。谢楚帆在那个时候就意识到,做职业规划不是选行业,而是选知识储备。"现在的职位都是U盘化的,一个人很少会在一个公司或行业待一辈子,所以要做一个U盘型人才,即插即用。"

学校里的收获

创业的念头早在校园里就已在谢楚帆脑中萌发,但却是在毕业后才真正实现。"创业是个不能急的东西,其实我当时也走过弯路。"谢楚帆坦言道。那个时候他与几个同学一起帮在校学生代购火车票,但这是不被允许的。"当时严毛新老师及时阻止了我们,但他没有批评我们,而是循循善诱,肯定了我们的积极性,维护了我们的面子并积极鼓励我们创业。"这次经历对谢楚帆产生了极大的影响,也意识到创业没有捷径可走,打好地基是一件非常重要的事。

因此,谢楚帆选择了在记者团锻炼并沉淀自己。作为记者团编辑部部长,他曾担任过《杭商院报》副主编。通宵写稿是那时候谢楚帆等人经常干的事,他清晰记得十年前的夜里,他与记者团其他成员熬夜写稿、做logo,为杭商院10周年院庆做准备。"真的想不到现在杭商院成立都20年了,想想10周年还在眼前呢。"

实践锻炼能力

谢楚帆认为,学习的关键是学方法论,大学是塑造价值观和方法论的重要阶段,所以在进行课程学习的同时,课外实践也非常重要。"要做U盘型的人才,因为有可能会随时转换电脑,所以需要规划自己的普适性和知识面的复合程度,就比如做电商做创业,就要懂市场、推广、文案、摄影、谈判,还有产品。"他向我们解释道。

一些实习公司在看到谢楚帆的简历后,会更多地关注他在学校内工作的参与度和能力展现,而这些正是谢楚帆在校内组织工作时获得的经验,也是他的优势之一。谢楚帆说,大学期间的每个暑假,他都会寻找不同岗位的工作来使自己适应社会的不同环境。"因为很多公司不会接受短期暑假工,所以你必须得有吸引公司的亮点。我能得到暑期工的原因之一,是我在校内参加的竞赛很多,像"挑战杯"我得了第一,当然还有一个更重要的原因——我是无偿工作的。"他笑着说道。在工作中,谢楚帆竭尽全力吸取着各个方面的实践经验。对于他来说,工资不是一份工作能获得的最重要的东西,最重要的是不同工作给他带来的不同经验。

创业就是坚持

毕业后的谢楚帆先工作了一段时间,在接触到电子商务之后,他坚定地认为这个新行业门槛低、机会多,创业的成长性更高,于是便与合伙人一同走上了创业的道路。

　　"创业不可能一直都是顺顺利利的，大家都一样。"对于一个做电商产品的团队来说，断货是最"要命"的事。早年谢楚帆的店铺遭到投诉封店，当时的他们吃住在工厂，而投诉封店正好赶上过年的时候，大年三十晚上，他和团队没有陪家人吃年夜饭，而是处理店铺问题。当时亟须解决的是要联系到投诉的人，但对于谢楚帆他们团队来讲，想联系一个从不认识也不知道名字的人是非常难的。"当时就想着有一句话是这样说的：我想认识美国总统，也只要经过七个人。"于是他们便通过不断地寻找蛛丝马迹，去联系当事人，最后终于获得了投诉人的理解，和平解决纠纷，最终没有被封店。"创业是不断地失败之后才会成功的。"谢楚帆说道。

　　经历了许多失败的谢楚帆，现在也得到了许多。他现在是杭州德谷品牌管理有限公司的CEO，也是哈尔斯真空器皿有限公司的副总经理。但对于目前的工作状态，他却表示自己仍在继续历练中。"如果对工作满意，那这辈子也就这样了，所以最近10年内，工作对我而言，仍旧是一个台阶中的一段。"

　　他对杭商院的寄语是：四年杭商人，终生杭商情。

采访记者：方瑜莎

蔡 未

///

2012年7月毕业于浙江工商大学
杭州商学院工商管理专业。后就读于
浙江大学法学院，获得法学硕士。现
就职于台州温岭人民法院。

生来就不甘平凡

——工商管理专业2012届毕业生蔡未的成功之路

把平凡的大学生活过得不平凡,把日常的朝九晚五过得精彩纷呈,这就是优秀毕业生蔡未的日常。褪去学生时代的青涩,如今在职场中成熟稳重的她,依然在人群中闪着耀眼的光。

自律,是最高级的自由

通常我们印象里的"学霸"大都遵循着三点一线的作息规律,但蔡未却是一个与众不同的"学霸",虽然几乎每次看到她的时候她都是与书为伴,但她却不愿意被贴上"死读书"的标签。

低调谦和的她在谈到自己的大学生活时,说自己大学里的学习并没有像备战高考一样只顾着学习,每天都泡在图书馆里,而是做到了劳逸结合,周末的时候会花时间出去旅游和实践,在"读万卷书"的同时,也去"行万里路"。蔡未说:"学习不是死学习,更要学会把知识灵活运用起来。"在这种生活方式下,她在大二的时候就已经获得了万元奖学金,她轻松学习的背后是她高要求的自律,并不断保持目标清晰，在对的时间做对的事，一旦树立好目标，就会拿出一种"咬定青山不放松"的态度。

在做一件事情之前一定要下定决心，并要一直坚持下去，这样才能尝到成功的味道。

坚守，世界都会为你开道

在考公考研的道路上一直坚守，在成功考入浙江大学法学院之后又迈进台州温岭人民法院的大门，蔡未为什么会取得这么好的成绩呢？她都给我们一一做了解答。

首先，蔡未将此归结为成功离不开自己的努力拼搏，这也是她践行"读万卷书，行万里路"所得到的结果。除了自身高效率、目标清晰外，她还提到她的成功与同学老师的帮忙是密不可分的，同学之间的互相鼓励、互相督促，老师的细心指导都是她前进路上的助燃剂，自身的努力与身边人的帮助使得她最后把平凡的事情做得不凡。谈及老师同学，严毛新老师是蔡未让印象最深的，每当同学有什么事情时，严老师总是放下手上的工作与同学谈心，耐心地解决学生的事情，就是在严毛新老师的鼓励下，她通过一步一步的努力才坚持到最后，成功实现了自己的目标。

万水千山，走到哪都忘不了母校的温暖。

兴趣，是最好的引路人

蔡未现在已经成为一名司法工作者，为法制建设贡献着自己的力量。在工作中，她主要负责民庭调解事务，虽然任务较多且较为烦琐，但正因为是自己的兴趣所在，她也就不觉得辛苦。从选择就读工商管理专业到最后成为一名法律工作者，寻常人看似毫不相干的两个领域，蔡未却将它们联系在了一起；也正得益于她对未来正确的规划，她善于给自己定目标，并将之付诸行动。

几年前还是一位涉世未深的杭商学子,几年后就已成为一名优秀的法律工作者,蔡未告诉我们,做好正确的人生规划,将会少走很多弯路。

机会永远留给有准备的人,找准定位,树立好目标,努力奋斗,方能成功。

采访记者:宗九龙

林鹭鹭

///

　　2012 年 7 月毕业于浙江工商大学
杭州商学院国际经济与贸易专业，在
校期间曾任大学生艺术团团长。毕业
后留校负责团委工作，后辞职创业。
现就职于杭州光珀智能科技有限公
司，担任总经理办公室主任一职。

未来掌握在自己手上

——国际经济与贸易专业2012届毕业生林鹭鹭的自信

充满挑战的六年就业路

林鹭鹭目前在杭州光珀智能科技有限公司任总经理办公室主任一职,主要管理总经理和公司的日常事务、公司的运营管理和投资融资,同时还要进行组织绩效的推进、搭建企业文化,以及公司后勤保障等。总的来说,总经理办公室主任所负责的工作比较烦琐。

其实,林鹭鹭毕业后曾在杭商院就职两年,主要负责校团委工作、管理学生会及艺术团,但是林鹭鹭说自己比较喜欢具有挑战性的工作,因此她选择辞职,与合伙人联合创办"功虎社区"。对于辞去学校工作选择创业这件事,她说:"任何选择在做的时候都是有一定原因的,但用现有的思维模式去反观那时的决定,我觉得还是不够成熟,属冲动行为。"

精彩纷呈的四年杭商缘

　　林鹭鹭在校时担任杭商院艺术团团长，她几乎将大学四年的所有精力和时间都贡献给了艺术团。她在杭商院与其他热爱艺术团的同学一起带领着艺术团从零开始，逐渐成长为校园内最具影响力的学生组织之一，因为热爱，所以心甘情愿奉献。

　　林鹭鹭在将艺术团打理得井井有条的同时，成绩也十分优异，常是各类奖学金得主。不仅如此，她在校时积极参加学校各类比赛，如参加十佳歌手、器乐比赛、创业大赛等比赛。一天二十四小时，她仿佛过成了七十二小时。在谈到如何平衡各类事情的时候，她说："人一旦要用到平衡，就代表并不怎么喜欢一件事。所以我认为我当时并不能说是在平衡，而是全身心投入在艺术团，大不了少吃几顿饭、少睡几小时觉。我从来没有平衡过这些事情，因为喜欢，就想把这件事做好。"林鹭鹭认为大学就是应该释放天性，勇于尝试。

　　针对在校的学弟学妹，她也提出了自己的一些建议：1.想方设法去认识你自己，了解你自己；2.明确什么事情是你真正热爱且为之振奋的；3.在为人处世方面，要懂得去尊重别人。你是一个独立的个体，任何人都无法影响你，但是你也不能要求别人必须听从你，需要学会压抑自己的性格。"路永远都是自己走出来的，不要因为父母决定让你做什么就做什么，要有自己的想法。大学就是应该将个人价值尽情燃烧，不要留遗憾。我只能拼命把现在的每一天过到最好，才能在未来某一天告诉别人，我过得一点都不后悔。"林鹭鹭用这番话结束了这个话题的交流，看似简单的话语却句句有力。

给杭商学子的就业建议

1. 做一个好的职业规划

林鹭鹭认为，要想有一个好的职业规划，其前提是做好个人性格测试分析

（MBTI性格测试），从而可以了解到自己的性格脾气和适合什么类型的工作。

2. 选择择业地域

林鹭鹭分析了北上广和杭州的就业优势：目前杭州是新发的互联网城市，科技行业发展前景较好，还拥有阿里巴巴等企业，潜力上十分可观。北京的优势主要在文化发展方面，上海的优势主要在金融贸易类，广东的优势在于科技类企业较多。毕业后可以根据自身的特点选择就业地区，但都应理性分析。

3. 选择好的行业

林鹭鹭表示，用一个立体的角度去看，选择职业的时候，不是职业的选择能带你到什么高度，而是行业选择更重要。一个行业可以带动公司，从而带动个人的发展。行业选择既不能选一个没落的行业，也不能选利益非常小的行业，要选择一个尽量能看见未来场景和未来成长趋势很明显的行业。

4. 专业匹配度

要了解自己正在学习的专业适合怎样的岗位，并有选择地挑出三五家公司进行评断，了解公司的发展历史和未来发展潜力。除此之外，林鹭鹭还提到，在职场上态度和能力尤为重要，杭商院的学子要想毕业之后得到一个心仪的offer，优秀公司实习经验方面一定要丰富，这也是在就业竞争上的一大优势。

采访记者：杨　曼

徐金波

/
/
/

2012年7月毕业于浙江工商大学杭州商学院法学专业。中国火炬创业导师、大连市创业导师、西安高层次人才、2014年入选新浪最具影响力的自媒体人。先后就职于浙江省旅游局、浙江日报报业集团、颐高集团、国骅集团，负责过多个特色小镇、产业综合体、众创空间项目，其运营的东海水晶小镇，2017年度中国特色小镇综合指数获排第二，运营的"楼友会"成为首批国家级众创空间。

走进梦想家的"诗意"人生
——与法学专业2012届毕业生徐金波交心

十年的时光有什么力量？它能让一棵新苗变成大树，它能让聪明的"仲永"成为笑柄，它能让一个阳光男孩变得老成沉稳……十年前的夏末（2009年9月），一名浙江工商大学杭州商学院的大一学生竞选校摄影协会会长失败，万般不甘心下，他开始了人生中的第一次创业，年少的他并不知道自己那一时的愤懑与热情，使他闪耀起了更亮的光芒。

徐金波，浙江工商大学JOB工作室创始人，他的工作室成立不久，便包揽了校内各大活动的宣传工作，吸引了各路媒体组织咨询合作，深受校内外一致好评。成功的校园媒体组织并没有令徐金波满足。这个年轻的"梦想家"尝到甜头后，不打算止步了。他说，他想成为媒体界的"马云"。

所幸，命运并没有亏待这个聪明能干的学子。十年的时光里，这位"梦想家"先后遇到了多位伯乐，他像一位闯荡江湖的侠士，满腔热血地行走在不同的团队里，而且干什么成什么。运营"浙江旅游"微博，创建"浙江旅游"微信公众号，加盟浙江日报报业集团并先后担任首席运营官和高级产品经理，2014年"微博之夜"入选新媒体界中"最具行业影响力的人物"，2016年成为国家科技部首批"中国火炬创业导师",出任总裁,当选为市人大代表……他从一个职场小白,不断奋斗,不断创新,成为国之栋梁。

徐金波2017年参加中国双创发展论坛杭州峰会并发表演讲

　　徐金波潇洒的逐梦旅程完美阐释了"出任CEO,走上人生巅峰"这句网络热语,可以说,他的任何一项业绩都足以让他以骄傲的姿态示人。可是,这位徐金波先生偏偏是个"怪人"。作为一个梦想家,他有着长久的热情——对职业的热情,对生活的热情。他从未把名利地位看作生活本身,他追求的是一种情怀,一份"诗意"的人生。十年时光里,踏遍中国27个省市,这位"江湖侠士"在135个城市留下了他的足迹,他创造的不仅仅是自己的生命价值,更是社会的价值。

　　徐金波说,"我一直信奉'越不被看好的梦想,越有实现的价值',也许每个人都有自己的潜能等着被发掘,所以我趁现在年轻多'折腾'一下不是坏事"。所以,原本法学专业出身的他选择拓宽视野,原本可以继续发展自己工作室的他选择将"JOB工作室"留给母校……他有太多太多的机会停滞在一个位子上,开始自己安稳的人生,不过,他拒绝了安逸,他说,社会在快速发展,没有任何一个职业可以确保无忧,与其等着新时代的到来,不如迎难而上,丰满自己的羽翼。

徐金波参加2018年参加"领事官员看宁波"海曙投资推介会并发表演讲

　　"20岁到30岁是一个人生命中黄金的十年，如果有梦想，不在此刻发力，更待何时？"徐金波认为自己是一个"懂得思考和执行的梦想家"，毫无疑问，"思考"与"执行"是他成功完成自己梦想的关键。一个人不该将自己的未来设限，所有的经历都是有用的，懂得"无用之用"方能思考"做梦"。

　　徐金波学长的事迹让母校杭商院自豪，而他的思考深度、生活态度更为珍贵。这位"梦想家"现在依旧在路上……

采访记者：叶宵婷

张枝宝

/

/

/

2012 年 7 月毕业于浙江工商大学杭州商学院工商管理专业。毕业后赴美攻读工商管理专业的研究生。在留美期间与当地企业合作，获得人生第一桶金。2017 年回国，成立自己的公司，紧跟全球贸易往来趋势，现从事跨境电商业务。

从留美到归国，创业成功的"三部曲"

——工商管理专业2012届毕业生张枝宝奋进之路

2008级校友张枝宝，2012年赴美攻读工商管理专业的研究生。在留美期间与当地企业合作，开始创业历程。2017年回国，成立自己的公司。

第一部曲：在校组建团队

2010年，为响应国家"创先争优"的号召，学院党组织考虑搭建一个学生平台，为所有党员提供"创先争优"的机会。当时念大三的张枝宝在得知这个消息后，自告奋勇地向学院党组织提出创立"学生党员文明岗"，并毛遂自荐担任负责人一职，在一番努力争取下，学院党组织同意了他的申请，并邀请他与其余五个同学担任"学生党员文明岗"的办公室主任。于是，在学校党委的思想指引下，他和相关负责人一起负责组织的运营发展。最开始的时候，学校只是提供了大概的框架，他们就一点一点地将组织填充完善，搭建各种各样与党员相关的平台，组织各种各样的活动，让学生党员在平台里各司其职，发挥所长。他还提出并制订了相应的考核机制，考察学生党员在"创先争优"中的表现，给予学生党员以惩戒或奖励。因为涉及的学生党员很多，所以相关方案实施的合理性是他们首先考虑的因素，同时，判断方案能否顺利执行也是最花费时间和精力的部分，他和相关负责人经常会花一夜甚至一整天的时间来保证方案的可行性，预估方案在实施过程中可能会发生的种种问题并想好应对之道。在整个大三学年的管理工作中，他从"我会做"转变成"我能做"，从急躁冒进变得成熟稳重，得益于此，在日后的创业中，他总是能不骄不躁，稳步前进。

第二部曲：留美创业

"在义乌，空气中都充满商机。"作为土生土长的义乌人，张枝宝偏爱挑战，执着于创业。2012年，大学毕业的他选择出国攻读工商管理专业的硕士学位，为将来的创业做更充足的准备。在留美期间，他认识了一位做贸易批发的前辈，这位前辈的专业与他准备进行的创业项目不谋而合，于是他跟随前辈，虚心求教，在经过一段时间的学习后，他选择开始自主发展。"万事开头难"，张枝宝在美创业的初期非常不顺，由于对市场的误判和对客户需求的不了解，他不但没有挣到第一桶金，而且亏损严重，失去了美国较大零售商这个能带来巨大收益的客户。痛定思痛，他在仔细调研市场、综合考虑各方面的意见后，独辟蹊径，将目光转移至市场空缺较大的仿真多肉植物。果然，产品在展销会上一露面就广受欢迎，他也陆续地获得一些小订单，之后他开始慢慢开拓这个品类，从最开始的在网上找工厂到了解产品的产业，再到不断地在国内寻找优质的工厂和稳定货源，最终这个项目每年拥有了稳定的利润。最令他骄傲的是，当时有三个留学生都开展了项目，投资了不同的产品，但只有他的项目成功了，而且后期一直在盈利，发展得很不错。

第三部曲：回国发展

2017年，张枝宝察觉到贸易趋势转变，毅然决定放弃美国的创业项目回国发展。他将原先B2B的销售模式升级成了B2C,做起跨境电商的业务,入驻亚马逊网络电子商务平台,将家居、服装等产品销往国外,也注册了属于自己的公司,成了别人眼中的"成功人士",也成了上大学时他心目中那个理想的自己。现在的他回顾大学时光,他说,得益于杭商院宽松自主的环境,自己可以充分自主地生活,尝试各种事物,培养自己独立思考和解决问题的能力,大三创立学生组织的经历让自己树立了面对困难不退缩、勇于挑战的精神。他未曾挥霍大学光阴,而是努力抓住每一次机会,尝试每一次挑战,在机会中突破自己,在挑战中磨砺心性,最终成就了自己。放眼未来,他给自己制定了一个小目标:"2019年销售额达到2000万元,2020年达到5000万元,之后三到五年达到1个亿。"他始终坚信,精诚所至,金石为开。如他的过往一般,用努力奋斗谱写清脆坚定的人生"三部曲"。

采访记者:杜雨萱

赵　祺

／　／　／

　　2012 年 7 月毕业于浙江工商大学杭州商学院工商管理专业，后远赴美国加州留学三年。回国后，在南京从事金融工作，现任绍兴振荣汽车零部件有限公司副总经理。

走出父辈光环，创新转型再出发

——工商管理专业2012届毕业生赵祺的当下

2018年"中国汽车零部件蓝皮书"第一次研讨会在京召开，汽车零部件行业市场竞争越发激烈。然而就是在这样激烈的市场环境下，他生产的汽车真空助力器伺服活塞（阀体）从众多产品中脱颖而出，订单量高达500余万套，产品配套一汽、二汽、南汽、江淮、江铃、哈飞、长丰、长城、长安、海马、奇瑞、昌河、北汽福田等国内厂家，领先中国市场，部分产品更是远销北美及中东。这个公司背后的功臣便是优秀的青年企业家，杭商院2008级优秀校友——赵祺。

"诚毅勤朴"熔铸企业理念

大学四年，赵祺把母校校训"诚毅勤朴"镌刻在心底，并拓展至自己企业经营思想中——打造"避免缺陷优于发现缺陷，实现零缺陷战略"的企业理念；塑造"实事求是，协力创造，永不满足"的企业精神；掌握"追求零缺陷，真诚为客户，严管重改进，增效创名牌"的质量方针。

"追求零缺陷"的核心是追求产品和所有业务领域的零缺陷，体现了公司长期坚持的技术创新和持续改进的追求,以永不满足的企业精神为生产高质量的产品不懈努力。

"真诚为客户"是以顾客为关注焦点,满腔热忱地为顾客着想,千方百计地满足客户的要求,竭诚为顾客提供优质产品和满意服务,100%按时交付,不断提高顾客满意度。

"严管重改进"是按照"过程方法"和基于事实的决策方法,对过程的绩效进行评估,按照标准和法规及顾客的要求,严格控制产品生产全过程的质量,实施纠正措施,重视持续改进的有效性和效率。

"增效创名牌"是全公司通过质量管理,降低质量损失、实现质量目标、提高过程的有效性和效率、增加经济效益、实施名牌战略的前提,为制定目标指明了方向、提供了框架,是企业最大限度满足顾客要求和期望的推动力。

"永不满足"锻造创新精神

企业在行进的道路上,难免遇到一些难题——不仅包括对内实现创新、增加产品种类、为企业注入全新的血液,更是需要扩大产业、开发新项目,这对赵祺来说,都是管理企业的过程中会遇到的困难。但是,他始终相信"实事求是,协力创造，永不满足"的企业方针会将带领他的团队实现从家族企业走向创新型企业的完美转型。

"感恩孕育"心系母校情怀

谈事业之余，赵祺也不忘感谢母校的培养。毕业五周年时，他组织全班同学举办"最好的时光，最好的我们"同学会，一同前往全新的母校桐庐校区，并且提议以班级名义认购一棵树，作为纪念。根的一头深深地埋在母校的怀抱，根的那头紧拴未来学子的美好展望。而对母校正在孕育的下一代——尚未进入社会的学弟学妹，赵祺有着这样的寄语："做一个自己想要成为的人，这件事情没有时间限制，只要你想，随时都可以开始。"

采访记者：杨鑫羽　张沈秋

杨 溢

///

　　2012年7月毕业于浙江工商大学杭州商学院资源环境与城乡规划管理专业，同年获得英国考文垂大学双学士学位。2014年获英国格拉斯哥大学金融经济学专业硕士学位。曾任招商证券股份有限公司杭州总部机构业务部负责人，现任海通证券股份有限公司杭州营业部总经理、格拉斯哥大学浙江校友会秘书长。

漂洋过海 初心不忘

——资源环境与城乡规划管理专业2012届毕业生杨溢的创业之路

潜移默化的力量

在被戏称为"堵城"的杭州,他驾车穿越拥堵的市区,带我们来到他常去的一家西餐厅,光线氤氲,连音乐也十分温柔。他轻声开动刀叉,一切都是那么从容。没有西装、玫瑰与幻想,对面坐着的是一位穿着深红色polo衫搭配休闲裤,极具亲和力的儒雅男士,戴着黑框眼镜,显得很忠厚,笑起来亲切,他就是杭商院2012届校友杨溢。

原生家庭给予一个人的力量是融进骨血里的。受到常接触银行类业务的父母的熏陶,以及读书期间在金融行业的实习经历的影响,一颗期待的种子在他心里默默生根发芽。他知道他对金融的感觉不仅仅是喜欢,更像是一种热爱。

"对于大学毕业生的工作就业,比起凭借初步了解选择喜欢的职业,在实际工作中寻求自己热爱的事业,会更深刻也更能坚持长久。"

从杭商院到格拉斯哥大学

　　2007 年第一次参加高考时,500 多分的成绩第一次让他在逐梦的道路上感觉到天不常遂人愿,在妥协和高复之间,他选择了后者。然而一年后见效甚微,随之而来的无力感却恰巧促成了"一切都是最好的安排"的缘分。这一次他填报了杭商院金融学专业,结果被调剂到了知之甚少的城市规划专业。"2008 年入学后印象很深刻,当时学校给予专业成绩排名前 2% 的学生转专业机会,通过一学期努力,我英语、数学获第一名,但还是没有转成,"杨溢扶了扶眼镜,"可是很感谢当时计算机 VB 老师的补课,让我从期中考 18 分提高到期末满分。"机会总会偏向于有准备的人,大二他迎来通过浙江大学"2+2"项目全省联考转入浙大的机遇。为了挑战 200 分的卷子,他每天抱着书,去图书馆自习。无奈竞争极激烈,他再次惜败。想想两次高考再加两次备战联考接连失利,谁都会有些疲倦、怀疑人生甚至抱怨、动摇。心情低落时他和学院的狄瑞波书记聊了一会,在书记的答疑和鼓励之后,他能做的就是坚持与等待。

　　浸透血雨的将士终将皇天不负。凭借几年的积累,他的英文水平得到了较大提升,也顺利通过雅思、专业课等考试,被择优录取为英国考文垂大学交换生。大四来到英国考文垂大学就读旅游专业,但杨溢却用"尴尬"两个字来形容英国刚开始的学习生活。受家庭的影响,对于金融领域的执着早已填满了他的全身心,没有其他任何余地正是他坚持下去的动力。他找到当时考文垂大学商学院的院长,提出转金融专业的申请。第一次,院长对这个看起来有些鲁莽的小伙子表示拒绝。可杨溢绝没有院长想象的好对付,从那之后的每天,他都来找院长"谈判",哪怕有时候只是简简单单的聊天。这样的状态持续了一个多月,最后院长被这位跨过遥远距离来到英国追求梦想的小伙子打动了,同意他转专业。虽然得偿所愿转到金融专业,但压力随之而来,没人能感受一个在学完规划、旅游,半路出家学金融的人在面对课本上譬如期权波动率、凯恩斯流动陷阱等各种陌生金融经济学专业名称时的慌张。因此,他每天只做一次简单的米饭，外加一点咸菜当饭，其余时间都花在学习上。如此，只是为了在跟班学习金融的同时，为完成本专业结业考试多留一点时间。他还找到金融专业仅有的几个中国学生帮助自己补习大一到大三的金融课程。最后以专业排名前5%的成绩完成本科学业。随后备考一年，他成功拿到了QS世界排名51的英国格拉斯哥大学金融经济学专业研究生的offer。

善于管中窥豹的金融领袖

谁能想到世界名牌大学毕业的留学生回国第一份工作，竟然是在自家门前第二个路口发传单。"刚刚回国的目标只有一个，尽快工作。"刚刚入职招商证券的他属编制外，没有五险一金，任职营业部市场部经纪人，月薪1600。当时，经纪人的营销模式还是相对单一，比如在各大银行网点驻点，而他独辟蹊径，在汽车4S店、高档餐厅等场所进行客户营销工作。这就为谈成项目提供了潜力优质客户群体和时间两大必要条件。一开始的确常遭白眼，但经过"练厚了脸皮"，一直坚持不放弃，四个月时间，成功营销了2000多万，在60个同等职位经纪人中他的业绩排名第一。接着，在财富中心任职投资顾问时，恰逢2016年国家出台私募公司管理办法新规，大大小小的基金公司都将面临界产品发行截止日，通过对杭州当地数十家私募基金公司的拜访，他联系到一家初创的私募公司。同事都劝他："不可能的，杨溢你不要做了，律师意见书没出来，到时候备案肯定会被否

决。"当时的他也没做过类似的业务,但依然非常执着,因为看到那位私募公司经理第一眼,他就觉得能合作成功。发行产品需要律师意见书,当时,大牌律师出一个意见书需要几十万,面对漫天要价的律师圈,他通过自己的朋友圈找到费用只需市场价10%的律师事务所。协助他的律师实地调整方案四五次,最终完成法律意见书。他帮助该公司成为规定出台之后全国第二家顺利备案成功并且发行基金产品的公司。真诚换来信任合作,这家公司的经理自然成了他忠实的机构客户。凭借较为突出的业务成绩,2017年他升职为机构业务部负责人兼财富中心副经理。

杨溢分享了自己在财富管理中心工作的一点心得。强调完成业务的途径不同,其结果也不同,并且可持续性也不同。例如帮助客户进行资产配置,有些同事将产品所有的风险揭示给客户,让客户全方位了解产品信息后再做决策,而有些同事却仅展示产品最光鲜亮丽的一面给客户,但本质区别在于后者既损失客户又丢人品信誉。

一次开会时,机构业务部的一名下属说:"杨老师,兼顾两个部门真的蛮不错。""为什么?""可以'风险对冲'啊,至少一边的业务很稳定。"他说:"这个团队是我自己组建的,部门做得不好,第一责任人是我。"他不仅仅是一位敏锐的金融师,更是一位对下属负责的好领导。

"中国经济发展前十几年靠扩大内需及廉价的劳动力输出,而后是靠房价推动……目前企业债券融资压力突显,国家又收紧了银行的用钱方向。在这种困境下,券商的本职之一便是协助有困难的企业在市场上募集到资金……央行'资管新规'马上落地,券商资管通道业务收紧(采访时间为2018年8月)……"杨溢有条不紊地分析着。

(以上为杨溢在招商证券工作经历,2019年8月起他任海通证券股份有限公司杭州营业部总经理。)

校友会跨国联络秘书长

有一座城，还未相见，便已满怀希冀；有一所学校，初见便已深爱，离别时全是思念；有一群人，还未告别，却又散落天涯。"梦起格拉，续缘杭城"，经2017年1月到6月筹备，半年间杨溢已经为300位校友搭建起联系的纽带、关怀的窗口、资源共享的平台。数十名校友自发成立了浙江校友会，杨溢任秘书长。英国格拉斯哥大学浙江校友的日常活动组织与开展由浙江校友会负责。校友会设置了六大职能部门，下城区、上城区都有活动驻点及方便对接业务的办公室。各部门协同合作，为奋斗在各地的浙江校友营造一个具有归属感的组织。校友会举办了"中英精英沙龙""杭州上城区科技局洽谈战略合作"及"格拉斯哥院长来访"等活动。

杨溢（后排右一）和格拉斯哥校友会成员合照

回忆在英国的四年学习经历，他发现自己喜欢英国生活的纯粹。24小时不熄灯的图书馆，24小时都有人正在学习。"有个现象很有趣，中国学生高中拼命学大学拼命玩，而老外恰恰相反。"其实，真正的较量在大学以及工作之后。"社会上大部分人没有智商的差别,更关键在于点点滴滴的努力、水滴石穿的坚持不懈。"他说,刚开始做得好的人不一定最后做得好,只有那些踏踏实实每天进步一点的人会笑到最后。

"事物本身并无好坏之分,关键取决于你的态度和行动。自满骄傲的态度会让阶段性成功变成退步的开始,吸取教训、越战越勇、直面失败则是进步的开始。"杨溢最后分享了自己的一些心得体会。

采访记者:刘宇航　张沈秋

郑俊儒

/
/
/

    2013年7月毕业于浙江工商大学杭州商学院国际经济与贸易专业，原学院学生会学术部部长。2013年毕业后自己经商，现任杭州赛顿电器有限公司总经理。

老校区走出的实干冒险家

——国际经济与贸易专业2013届毕业生郑俊儒的事迹

在球场上汗湿的T恤，通宵打DoTA后留下的黑眼圈，饭菜香味中的聊天……回忆大学时光，如今忙于事业的郑俊儒还是透出一股少年气来，就像当初和他的兄弟们一块儿欢笑打闹时一样。

追逐新鲜的行动者

别看美好回忆里都是吃喝玩乐，郑俊儒该做的"正事"也一样没落下。为了杜绝成天待在寝室沦为"肥宅"的风险，他走出自己的舒适圈，积极结交新朋友，在各种学生活动里总能发现他的身影。享受大学的每一分每一秒，不浪费这段最美好的时光，这也是他多年后回顾大学生活时没有遗憾的原因。

郑俊儒是院学生会的一员大将，曾任院学生会学术部部长一职，肩上也自然负有重担。学生工作比较锻炼人，有时候他得样样亲自动手，所以必须广泛涉猎各个领域，这提升了郑俊儒的能力，也提早让他在一定的压力下成长。繁杂且劳累的工作之外，每学期都会有一起工作的伙伴离开，他认为坚持才是最大的困难。但正因为他坚持到了最后，对事物的理解才会更深刻。在学生组织里的几年，他和很多优秀的校友共事过，身边的同伴都很上进，这样的良好氛围也使他保持长久的积极性来面对生活。郑俊儒对新鲜事物怀着热情，同时也拥有理智的判断，不盲目冒险，能明辨是非而不至于眼花缭乱、迷失自我。他不沉迷新鲜刺激，而是从新鲜事物中寻求感知，从新朋友那吸收优点和长处。有些人进入大学之后就很迷茫，不知道自己要做什么，也不知道今后自己将要干什么，郑俊儒也偶尔迷惑，但他的解决方式十分简单"硬核"：不要把太多的事情放在纠结和迷茫上，就是多做！很多时候，事情做着做着，方向就明了了。

大学四年里他形成了"少抱怨，多思考"的处事作风，开始创业后，环境的压力是他前进的动力，坚持是他不变的原则，他认为坚持到最后，对事物的理解才会更上一层楼。

拒绝一眼望到头的未来

大学时期郑俊儒学习国贸专业，毕业后却选择了与专业关系不大的方向，从零学习，开始自主创业。最初，创业对他来说是一种尝试，也是全新的体验。真正进入社会后，选择什么样的生活，还是看个人的理解。尽管创业花费了个人大部分时间，时常没有周末，缺乏稳定的幸福感，他最终还是靠自己走出了一条路，经营着自己的电器公司。说起契机，他承认自己不喜欢朝九晚五的生活，才选择了一条未卜的前路。走出学生时代，他也依然对未知领域富有好奇心，依然追逐新鲜感，他在事业路上也留下了探险家的足迹。

问起创业艰难，他摇头道，创业没有舒适的时候，时刻都有意想不到的困难和问题。比起五花八门、层出不穷的大小问题，最大的困难还是自我的调节，"放弃"二字时常浮上脑海，甩手走人也最简单容易，但他一次次选择继续分析问题，寻求解决方案，完善每一个bug，最终发展了企业，也强大了自我。少抱怨，多思考——这是他自学生时代起便遵守的人生准则。

七年前的毕业季，教工路的老校区里走出的实干派冒险家一步一步、一关一关地证明了自己。尽管当年的球友早已各奔东西，难以齐聚，如今的郑俊儒也还是会不时光顾街头篮球场，放任汗水打湿T恤。

采访记者：张释烨

陈剑辉

陈剑辉（左一）

2013 年 7 月毕业于浙江工商大学杭州商学院旅游管理专业。毕业后曾在环球资源分公司工作，后开始创业，成立宁波惠诚实业有限公司，创立"四名研选"品牌。

摸着石头过河

——旅游管理专业2013届毕业生陈剑辉的创业理念

摸爬滚打，艰难创业

2013年，陈剑辉与从美国学成归来的同学合伙成立了宁波惠诚实业有限公司。陈剑辉说，其实他在大学时就已经开始为创业打基础了。他毕业于旅游专业，另一个合伙人毕业于国贸专业，因为陈剑辉拥有比较多的资源，便开始做起了生意。他们从基础开始，不仅要去工厂里面学习，也要自己一点点学习PS、摄影，学习网络营销，以及现在的大客户营销的技巧等。

对于公司的发展，陈剑辉谈到前几年因为资金成本问题，还有自己的能力不足、经验缺乏等原因，公司并没有得到很好的发展。但是从去年开始，因为技术运用方面越发熟练，老产品已经做得比较成熟，所以公司正在逐步发展中。目前公司的品牌产品是汽车配件，也在不断尝试新产品，如矿山上的产品以及自动化设备上的零件都有涉猎。公司主要是跟国外的一些大型的主机厂合作，他表示，就目前看来，市场反应还是挺好的。

谈到刚创业时的艰辛与挫折时，陈剑辉告诉我们，2013年毕业刚刚接触外贸的时候,有一批货要出口到俄罗斯,由于那时候还什么都不懂,使得这批货在没有经过曝光的情况下就直接被装上船发了出去,变成了走私货,好在客户帮忙解决了这个问题,没有受到很大的亏损。他还说到,在惠诚实业有限公司刚成立时,他想取得与外国客户的合作机会,由于时差问题,只能每天等到晚上 12 点对方上班之后联络。最辛苦的一个月,不断地打电话、发邮件,电话次数数以千计,邮件封数数以万计,通过这样不断地重复,拿到了他们的第一个、第二个客户。

现在还在初创阶段的"四名研选"品牌隶属宁波余梁文化传媒有限公司,陈剑辉介绍说,从 2013 年开始着手关于土地租赁的准备工作,到今年开始正式做产品,已经有五年的时间了。"两个公司的业务可以说是大同小异,因为都是属于金属类,而且主要的加工方式一样,无非就是一些产品的参数、材质、组装方式不同而已。"

陈剑辉谈到公司规划时说,之前公司因为资金问题不敢扩张,这两年随着问题得到解决,会进一步扩大规模,在业务方面也会做相应拓展,届时也会去母校招聘人才。

大学实践,创业启蒙

陈剑辉大一就进入了"诚志萌"这个社团,由于踏实肯干,大二时他被社员们推荐成为社长。因为刚进入大学空闲时间较多,所以他就参加了一系列竞赛和创新活动,课业之余还会自己去摆地摊做一些小生意,虽然不起眼,但也确实让自己得到了锻炼。大二结束后,在机缘巧合之下陈剑辉回到余姚,"当时我爸爸朋友的公司有一个外国的客户,他们那没人懂英语,所以就把我叫过去了,结果就阴差阳错地接触了这一块生意,一做就做到现在"。

被问到为什么会想到去创立"四名研选"这个品牌时,陈剑辉解释说,这个想法也是起源于大学时,那时候着手的相当于现在美团外卖这种形式的工作,因为已有先例,所以他们要寻找差异化,并且随着人们的消费观念的提升,大家对饮食方面更加注意，所以他们就做了关于有机食品方面的东西。虽然现在在做的是有机产品，但它的营销、服务跟大学里他们做的一个"直买吧"项目是一样的思路。"直买吧"就是帮客户挑选产品，保证质量，配送到达。陈剑辉说，这个项目还获得了杭州市大学生创业大赛的第二名。但因为那时候经验、阅历的缺乏，还有对市场的嗅觉不灵敏，这个项目很快就夭折了。

谈到大学实践对创业有什么帮助时，陈剑辉认为虽然摆地摊最简单，但却很有用，而且挺有意思。"当时因为要躲避城管，我们就背了一个大麻袋在大街小巷穿梭，在天桥、公交车站等人多且有空位的地方摊开来摆，一看到城管来就马上跑。"陈剑辉生动形象地给我们描述了他当时摆地摊的情景。他觉得这也是创业阶段必须经历的。类似的场景也在2013年惠诚实业有限公司做推广时发生。由于没有资金去租赁展位，他和合伙人就拉着拉杆箱去广交会给客户发传单。他觉得虽然场景不同，但创业初期都是大同小异的。

大学期间，陈剑辉还积极寻找实习机会，在余姚盛行管件厂和环球资源的实习经历锻炼了陈剑辉营销方面的能力。"当时我背了个公文包坐着公交车，一家一家公司去推销，一开始连开门的大爷都不让我进去，后来通过公司的培训，才学习到怎么绕过大门的保安或者前台接触到公司核心的、有决策权的人。"这些经历都筑成了陈剑辉后期创业的基石。

感恩杭商，期待重逢

谈及大学生活，陈剑辉也有诸多感慨，有觉得难忘和想要感谢的老师和同学。他一直很感谢他的辅导员老师和当时的副院长易开刚。"副院长易开刚很重视培养学生的创业创新意识，特意拿出了图书馆里差不多三百平方米的一个教室给我们院里的学生做办公室用，不仅如此，他还特地带我们去义乌工商学院，参观那边各种孵化基地。"谈到辅导员时，陈剑辉说辅导员对他的学业有很大的支持，在他大三的时候，为了让他有足够的时间在公司里实习、积累经验，辅导员就直接让他回余姚继续实习。还有特别要感谢的是他班上的学习委员，感谢他每次考试的时候都会把整理好的所有资料给他。

最后,陈剑辉分享了一些他在创业这条路上摸爬滚打几年后得出来的经验。首先,他明确了自身资源的重要性,不管是自己的经济水平、在专业方面的水平,还是目前市场上的竞争情况等都是比较重要的。现在大学生创业一开始会把目光放得很长远,其实想法是没错的,不过最重要的还是要落实。陈剑辉强调说,应该先要把事情做好,等到被认可之后,再去规划策划书和找风投。其次,如果是在自己不熟悉的领域的话,不建议在大学开始创业,从自身经历来看这个时间成本太大。在就业方面,陈剑辉建议大家就业初期尽量选择大公司,不要想着一开始去小公司混一两年再跳槽到大的公司,一开始就要能爬多高就爬多高,因为大公司的管理理念是完全不同的。陈剑辉觉得他现在最欠缺的就是在公司管理方面的经验。"因为我没有接触过大公司,不知道他们管理的规章制度,所以我就不太擅长管理。"陈剑辉建议国贸专业的同学可以去接触一些外贸的论坛和一些外贸的网络课程,陈剑辉给同学们推荐了几个论坛:福步论坛(外贸行业最大的论坛)、帮课大学(课程有深度,但需付费)、外土司(网络红人)、JAC等。

现在的他,不仅事业蒸蒸日上,家庭也幸福美满。在工作之余,陈剑辉幸福地表示,会带着妻子和孩子到周边玩一玩,现在女儿才一岁,但已经玩遍了家乡附近的景区,等孩子大点之后想再去远一点的地方玩,毕竟是学旅游专业的,不能忘本。

采访记者:沈铭君

陈 杰

/ / /

2013 年 7 月毕业于浙江工商大学杭州商学院市场营销专业，大学期间系记者团成员。现任杭州港航管理局临安管理处青山湖所副所长。

捕捉机遇 不断实践

——市场营销专业2013届毕业生陈杰的经营之道

在驱车前往陈杰的工作地——杭州港航管理局临安管理处青山湖所时,一路上碧空如洗,青山湖泛着粼粼波光。正是在这样风景宜人的地方,我们见到了陈杰,这个勇于实践、敢于探索,又稳抓机遇的实践者。

初次创业,打下基础

谈及大学期间的生活,陈杰颇为触动,记忆随即回溯到了他的大学时光,从刚入学时拿到通知书的青涩,到后来和室友共同创业开办酒吧时的独当一面,这几年的时光恍若白驹过隙,如电影的快镜头般迅速播放起来。陈杰所学的专业是市场营销,在生活中就要注意磨砺自己,不能缩手缩脚,要敢于和别人交谈。他还说到,虽然当时他的学习成绩不是最优秀的,但是他对于创业却有着极高的敏感,于是凭借自己的经验和室友一起把握住了商机,在当时物价适中的情况下合伙在小和山开了一家酒吧,并把自己学的营销知识在经营酒吧上进行实践,将酒吧事业经营得如火如荼,同时自己也在这段创业经历中收获了很多并成长了许多。后期临近毕业的时候,由于合伙人的毕业走向问题,他们关停了酒吧,但这段经历让陈杰亲身了解到了创业的不易,在这个过程中有太多的不确定因素以及种种阻力,但也正因为经历过,所以也拥有了更多有益的经验,尤其是在与人相处的技巧等方面。陈杰感叹完这段令人难忘的时光,不禁又一次发自肺腑地感叹大学生活的惬意,怀念起当时和室友一起骑车去拉萨旅行的日子,一路上走走看看,在祖国河山留下自己的脚印,是一件特别有意义的事儿!

多次尝试,终抓机遇

当走到毕业的分岔路口时,陈杰也经历了多次尝试。由于大学时是校记者团的成员,陈杰对记者这份职业很感兴趣,于是便通过努力得到在浙江第六频道实习一年的机会,同时也借此锻炼自己的能力,但由于自己的专业问题,正式入职较为困难,最终没能留在这一行业发展。

随后陈杰又陆续应聘了几家企业,但受到身边越来越多朋友的影响,他也萌生了报考公务员的念头。在网上查询并报名公务员考试后,陈杰通过三个月的苦战备考,最终不负众望。虽然工作岗位与自己的专业不对口,但是通过不断的培训学习和努力,工作上的各种问题便都迎刃而解。从小职员到副所长,陈杰成功的关键不是只有兢兢业业的努力,更因他有着严谨踏实的态度。在工作中他努力诠释

共产党人全心全意为人民服务的精神，为人民贡献自己的汗水，正因为自己是土生土长的临安人，所以陈杰想让临安变得更好。

传授经验，寄托祝愿

陈杰为我们杭商院的学弟学妹们送上了自己的祝福，他希望每个杭商学子都可以找到自己喜欢的工作，让自己的人生变得精彩。同时也为我们提出建议：身为学生其实最重要的是在掌握扎实基础知识的前提下，多借助大学这个小型社会的平台，去磨炼自己的社交能力，如与人的相处之道以及谈判演讲技巧，一旦掌握之后都将成为以后的有利资本。当站在毕业的十字路口时，也能看清楚自己到底想要什么。相比于直接就业与自己创业，考公、考研也是不错的选择。他祝福母校即将来临的二十周年校庆成功举办，祝母校越来越好，培养出更多的优秀人才。

人的一生总会有一些意料之外的事情，会遇到机遇和挑战，抓住机遇，迎接挑战，便是走向成功之路的第一步。

采访记者：朱童欣

陈体锋

/ /

/

2013 年 7 月毕业于浙江工商大学
杭州商学院人力资源管理专业。现就
职于浙江省人民政府国有资产监督管
理委员会。

心中充满爱的风云学长

——人力资源管理专业2013届毕业生陈体锋的印记

在校园时,他经历丰富、学生生涯五彩斑斓;毕业后,他不断努力、完善自我。工作上,他脚踏实地、积极进取;生活中,他理性知性、优雅有趣。他努力成为一个复合型人才,自学完成工程技术类专业,不断完善补充管理学知识,有效提升文化涵养,一步步朝着自己的目标不断前进。他就是陈体锋。

像树根一样,不断地吸收养分

人生旅途不可能只有鲜花和欢笑,路途之中会有挫折、有荆棘、有陷阱。不同人会采取不同的态度,也就拥有不同的人生。总之,态度决定一切。关于人生态度,陈体锋说:"要明确自己的目标,并且同时努力践行,达到一个符合自己认可的标准,追求更完美的境界。"

在事业方面,他努力学习新知识、逐步提升新技能、不断积累好经验,像树根一样吸收着大地的养分。工作这六年,从人生的角度讲,很精彩;从心路的角度讲,很跌宕。他说,回头看看这六年,自己成熟、坦然了不止一点点。从基层单位到上级部门再到省级机关，从文职岗位到技术岗位再到管理岗位，从初出茅庐到业务骨干再到部门负责人，就如他所说的，"这一路走来，有多艰苦、有多坎坷、有多辛酸、有多委屈……可能也只有自己知道"。但是一切过后，他觉得这些付出和努力是值得的！他是一个善于管理自己的人，为了谋求更好的发展，通过自己的精益求精和不断努力，他在事业上取得了一次次突破。

回顾这些年的成长和取得的成绩，他告诉我们，这些年经历的人和事、遇到的困难和挫折、面对的选择和憋屈，其实都是自己成长最好的养分。正因为自己一贯秉持着"吃亏是福，吃苦是金，少说多做"的心态，勇于承担作为一个男人该有的责任，才能完成一个又一个看似不可能完成的挑战。既然选择了，就努力做好。如果不能做到极致，那就想办法做到精致和细致。要像树根一样，不断地去吸收养分，才能拥有更顽强的生命力。

"风云学长"：机会总是留给有准备的人

谈到"风云学长"，在校园里的大家可能都不会陌生，他们是我们敬仰和羡慕的偶像。陈体锋就是我们杭商院名副其实的"风云学长"。这位"风云学长"在校时身兼数职，既担任班长，又曾担任校学生会主席和学生联合会主席。同时，他在大学期间通过勤工俭学、实习兼职和获取奖学金等方式自己独立支付了大学四年的学费和生活费。他说："管理时间不是把生活排得满满的，吃饭也省时间，睡觉也省时间，那是最没有出息的。时间是靠规划出来的，不是靠挤出来的，理财也是如此。不要把事情攒到截止日期再做。"

在校园里一次偶然的机会，他帮助了一位老教授，这位老教授在暑假里推荐他去一家专业对口且平台较大的单位实习。之后，他在实习单位的表现获得了该单位领导和同事的高度认可和青睐，这段实习经历给他在校园里的学习生涯和毕业后的职场生活带来了巨大的帮助。他说，一些大家觉得偶然的、幸运的事情其实与平时的为人处世和态度是分不开的。当你准备好的时候，机会是会接踵而来的。

在大学，懂得如何学习是很重要的。专业课知识更多的是锻炼思维，而平时的实践可以磨炼一个人做人做事的能力。他告诫我们，大学时光是过得很快的，毕业后生活也远不像学生时代那般单纯美好，你必须找到使自己能够用双脚坚强地站在这片大地上的东西，那就是你的谋生方式。在大学里，多与人接触，多参加一些社会实践是提高交际能力较好的途径。在大学里，要多去尝试，敢于"做梦"，要找到自己的兴趣并去坚持；有机会的话多去实习，一份实习可能不会是你的最终归宿，但是它会让你更加了解自己，至少可能会认清原来这样的生活并不适合自己；会让你了解到课堂所学是真正有用的，那时你才会体会到什么叫"书到用时方恨少"。实习会让你学会一套实用的工作方式，会让你学会如何跟职场中的人打交道。

做一个心中有爱懂得感恩的人

我们应该珍惜所拥有的，同时要去不断回馈社会，帮助别人。他说，无论是大学生涯中还是走上社会后，都应该多去做一些对社会有用的事情，做一些志愿活动，做一些公益。有一次调研，陈体锋来到云贵地区，他深刻地感受到了这片美丽地带的贫困——喀斯特贫困。云贵地区的人们见不到繁华，见不到日新月异的现代化。这一切不是因为他们不够努力、不够聪明，而是与环境有着莫大的关系。那些让我们赞叹的美景，却是他们的求生障碍。他说，那里的贫困是真的触目惊心，父母为了生计外出打工，许多孩子留守在村庄。孩子们无法享受与我们一样的高质量教育，上下学每天需要攀爬两次800米的"天梯"。很多村落甚至还保留着落后的生活方式，水污染、沙化风蚀、干旱等更是常年像阴霾一样笼罩着他们。

他希望之后有机会或者有能力可以让更多人知道这些人，也希望通过自己的行动能带动更多的人踏上这条公益之路。

有趣优雅是一辈子的营生

世界是公平的,想过什么样的生活就必须付出什么样的努力。想过有趣优雅的生活,需要比其他人走更多的路、经历更多的生活。一个懂得感恩的人比一个只知获取的人要高明,一个懂得宽容、迁就、谅解的人是最不容易吃亏的。一个心胸开阔的人才会幸福,一个幸福的人必然谈吐优雅、生活有趣。这个世界总有很多的不可理喻,如果不懂得寻找乐趣,迟早会被气死。而陈体锋的乐趣就在于美食和书画。

在课业之余去寻找美食是他放松自己的方式,工作的压力更需要学会自我调节,寻找美食的习惯他一直保留到现在。于他而言,这是一个充满乐趣的解压方法。朋友圈里的他也是一个"美食博主",经常分享一些最近发现的美食,表达自己愉快的心情。寻找、发现、品尝之外,他更乐于自己去精心研制美食,听他身边的好友说:"相比他带我们去吃好吃的,我们更希望他给我们做好吃的,他有很多拿手好菜是我们等都等不来的,除非遇上心情好的时候。"

除了美食之外,让他放松的状态一定就是一个人静下心来写字和绘画。每当情绪压抑、压力过大和思绪混乱时,书画总是他最好的控

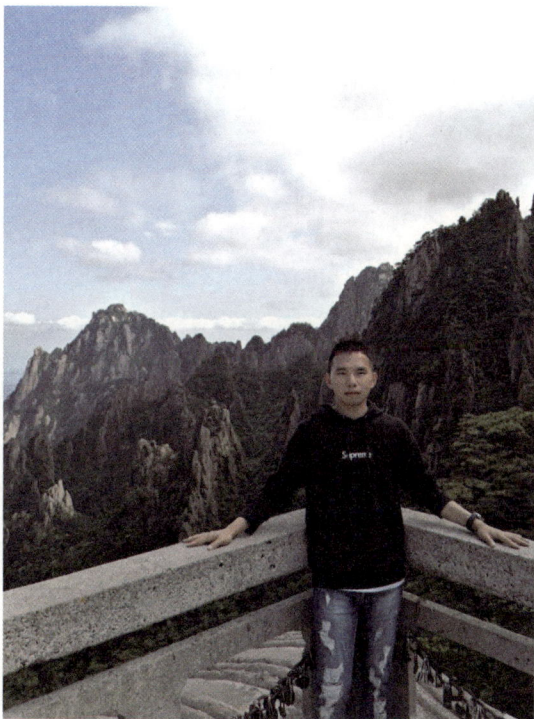

制情绪和调整心态的方式。他说这是自己最感恩的"天赋",但他也告诫我们:年轻时才华横溢是莫大的贬义词,如果没有脚踏实地,天赋是最贻误人的东西。

他说,在大学里,要多接触人与事,多交良师益友,真诚待人,这会是自己一生的财富。在大学里,要养成思维习惯。如果你不喜欢思考,那就注定没有成长。读书是为了有思想,思想是有未来的。

采访记者:赵慧怡　张沈秋

方　啸

　　2013年7月毕业于浙江工商大学杭州商学院旅游管理专业。在校期间曾任班长联合会考核中心主任、班长等职务。现任黄山旅游发展股份有限公司人事资源中心人事管理与考核专员。

双面性格拥有者

——记旅游管理专业2013届毕业生方啸

方啸的身体里住着两个精灵，一个向往诗意，一个入世进取。很多人说双子座懂得进退、能屈能伸，拥有高水平的情绪管理能力，在事业上获得了一番成就的杭商院旅游管理专业2013届毕业生方啸就是这样一个具有典型的双子座性格的人，他的成功早能预见，在大学时的他就是班长联席会（以下简称"班联"）考核中心主任，也是班里的班长，更是学业一等奖学金的获得者。

记者（以下简称"记"）：能够在一家上市公司取得这样的成功是非常不容易的，那么您可以跟我们说说您认为获得这样的成功需要哪些特质吗？大学生在校期间又该如何去培养这些的能力呢？

方啸（以下简称"方"）：当时班联的一句口号，给了我很大的影响：认真做事，只能把事情做对；用心做事，才能把事情做好。很多事情，我都会用心去做，这给我的工作和生活带来了很大的影响。

记：在这过程中您遇到过什么样的困难，又是怎么样去克服的呢？

方：我们以前经常和辅导员聊天，现在也会向领导去请教，做事情，要一起去商量，才能很好地去解决。

记：您满意您现在的工作状态吗？是否可以向我们透露一下您的未来规划呢？

方：用百分比来说的话，我对自己现在的状态有80%的满意度，未来，我想在现在的岗位上更上一层楼。

记：大学时您是班联的一员，那么在班联您有什么印象深刻的事情吗？这对您现在的生活和工作有什么影响吗？

方：班联给我的印象特别深刻，我特别喜欢班联当时做事情的氛围，大家一起互相帮助，不同的部门之间也相互扶持，我也很希望现在的工作中可以有大家一起去努力的那种氛围。

记：我们了解到在大学时，您是校园组织的干部，也是班长，同时也是一等学业奖学金的得主，那么在组织工作和学习之间您是如何平衡的呢？

方：其实我认为两者是不冲突的，两者相互促进，组织工作的成功对学习有着激励，两者达到平衡之后拥有的自信感使做事情得心应手。

记：通过您的朋友圈我们发现，您的家庭非常幸福，那么在工作与家庭之间您都是怎么平衡的呢？

方：其实说起来，我对家庭是有一点愧疚的，我还是更加侧重于工作，以后我也希望可以有更多的时间去陪妻子和孩子。

记：您最喜欢自己性格中的哪一点？这对您的生活和就业带来了哪些帮助？

方：我是个双子座，对于安静的人我就有安静的样子，对于

活泼的人，我也可以不扫他们的兴致，我认为身体里像是住着两个我，这样也许会让很多事情变得自然，也可以交到更多的朋友，我认为我是典型的双子座。

记：以您在大学期间的经验给杭商的学子们在校园生活以及学习方面提一些建议吧。

方：我希望你们第一还是认真学习，因为工作中我们依旧需要依靠很多大学学到的知识。第二，学习之余，参加一些组织和社团也很重要，也能给以后的工作带来很多经验的积累。

采访结束后方啸的一些话仍然在我们脑海中挥之不去，相信他的"用心""团结""灵活"可以成为很多人学习的榜样。

采访记者：骆雪嫣　龚浩淇　王晨欢

高　昱

/

/

/

　　2013 年 7 月毕业于浙江工商大学
杭州商学院旅游管理专业。2013 年考
入浙江师范大学攻读人文地理硕士，
2015 年考入日本国立熊本大学攻读建
筑学硕士，2017 年任熊本大学自然科
学研究科外国客座学者，2018 年进入
日本九州大学艺术工学研究科攻读
博士。

千里筑梦 昱以翱翔

——旅游管理专业2013届毕业生高昱的成功秘诀

翻开高昱的简历,有名校学习经历、优秀的实习经历、广泛的兴趣涉猎、丰富的学术研究成果,他是在用自己的方式诠释着"诚毅勤朴"的杭商学子品格。人生路上的一次次选择、一次次沉淀,他用坚韧与拼搏,不断追寻自己的梦想,他的青春熠熠发光。

他离自己的梦想更近了

2013年,从杭商院顺利毕业后,高昱在浙江师范大学攻读人文地理硕士。随着对人文地理认知的一步步加深,他逐渐意识到,建筑最能体现出地域文化特征,是承载人文地理的最好的标识。为更好地研究建筑学,2015年他依兴趣而行,选择攻读建筑学。这既是一种挑战,更是一种明确人生目标后的勇敢前行。2015至2017年期间,高昱在日本国立熊本大学攻读建筑学硕士。日本国立熊本大学是日本历史最悠久的学校之一,成立距今已有260多年历史,以其出色的教学和科研质量闻名国际,拥有最先进的工学研究基地。在醉心于建筑

学习的过程中,他逐渐接触到现在新兴的建筑设计理念——后现代主义设计。后现代主义建筑追求时尚元素和前卫的设计理念,十分讲究个性。与现代主义不同的是,后现代主义设计更多的个性在于一些繁复装饰设计的加入。后现代主义者所关心的主要是装饰、象征、隐喻传统、历史,而忽视了许多实际问题,忽略了建筑的舒适性。现在也有人认为后现代主义者指出了现代主义的缺点是有道理的,但对于如何弱化后现代主义设计尚未有定论。而他对这些未知充满了兴趣。

潜心研究建筑的弱化设计

　　现如今高昱的身份是日本九州大学的学生,这是一所在日本乃至世界上均占有重要学术地位的顶尖高校,而他就读的艺术工学专业尤为卓越。关于高昱潜心研究建筑的弱化设计,他告诉我们,建筑设计应该要更符合人的心理需要和场地要求。为更好地研究如何将建筑的时尚外观与人的感受和场地连通相结合,他从通过运用更轻的材料弱化建筑的厚重感,到通过追求微妙的光影效果弱化建筑的三维感，通过柔化边界弱化建筑与自然环境的冲突感，使之成为环境的一部分。

在日本学习时，理论和数据是他研究的重心，他认为过往建筑研究中基本是设计师为导向，对使用者的心理感知缺乏相应的探索，未来建筑设计需要更多地考虑人的感受以及和场地的联通性，通过对建筑中心性的解构，让建筑更好地融入环境，为使用者带来更多元的感受。高昱十分喜欢自己目前所研究的方向，在过程中也获得极大的感触，知道自己还需不断地进步。面对国内建筑以视觉为中心的设计理念以及城市发展需求转变的潜在需求，他希望能学到日本更为新锐的建筑理念，用自己所学给国内的建筑发展尽一份力。谈及他所喜欢的建筑的时候，高昱很快就讲出了包括隈研吾的三里屯SOHO，安藤忠雄的光之教堂等设计师的名字和作品，他说从这些设计师身上得到最大的感悟就是建筑也是一种哲学的外化，对建筑设计理念的研究其实就是一种哲学思考。

在日本的所学所思使他的设计理念得到了不断地升华。多年来，为了更好地实现他的梦想，他不断学习深造、潜心研究，达成了自己在学术上的初步成就。筑梦路上的努力前行只为不负青葱岁月，他一步步丈量自己与梦想之间的距离,只为能够更扎实、更踏实地实现自己的人生目标。

杭商四年的锤炼是他一生的财富

2009年至2013年,高昱在杭商院攻读旅游管理学学士学位。在校期间,他先后担任班级学习委员、吾月艺术团团长、燃烧话剧社活动部部长和院学生联合会副主席。此外,高昱还积极参加学校的辩论活动,分别获得杭州四校联合赛总冠军、杭州市八校联赛亚军、冶芳杯第六名的优异成绩。2011至2012年,他还曾在阿里巴巴市场公关部担任品牌经理助理实习。

高昱告诉我们,大学是人生最重要的四年,是人生的根基,是人生积累的黄金时期。他勉励在校大学生,要找准人生的目标和方向,不盲从、不随波逐流,未来的人生发展是非常多元且未知的,面对未知,我们能做的就是在自己的能力范围内建立各项知识储备,抓住每一个机会锻炼自身,随时在心中种下不同的种子,也许在未来的某个雨季,就会意外地萌发。

大学是一个非常好的平台,首先要扎实地学习专业知识,要为今后的学习工作奠定坚实的知识基础,积攒知识储备;其次还要锻炼自己的各方面能力,包括组织协调能力、沟通能力、表达能力;最后要发掘自己的爱好、认识自己的长处,通过参加丰富多样的社团活动找到自己的兴趣点,并使之成为自己人生路口的欢乐时光。

最后高昱送上了对母校的祝福,他十分感谢母校的培养,母校是他内心最深处的圣地,杭商院是一片多元且自由的热土,只要致力于耕耘,相信每位学子都可以从中收获自己的精彩人生。他相信,母校一定会沿着一直以来的轨迹,继续出色发展下去,祝母校桃李满天下,造就百年辉煌。他期待学弟学妹们带着蓬勃的激情、雄壮的豪情、执着的热情、洒脱的表情、爽朗的神情以及扎实的积淀迎接光明美好的未来。

采访记者:容诗颖　罗忠琴

林熠庭

/ /

/

/

2013年7月毕业于浙江工商大学
杭州商学院旅游管理专业。现为清远
丽雅铂金酒店、OYO东莞尊享星辰国
际酒店总经理,另有多家民宿正在筹
备中。

志当存高远

——旅游管理专业2013届毕业生林熠庭的人生哲学

创业,是历险记,也是成长史。芒鞋踏破山头雾,竹笠冲开岭上云。他用敏锐的嗅觉抓住创业机遇,用不平凡的人生与我们分享着宝贵的社会经验。他就是林熠庭。

不超越,难远行

从杭商院毕业后的林熠庭一直从事酒店这一行业。机会是留给有准备的人的,创业初期的他在房地产公司实习时遇到了一个租赁价格比较合适的酒店物业,旅游管理专业出身的他很快发现这是个机遇,与亲戚进行了深入的运营核算后,合伙创办了酒店。这一过程在外人看来是十分顺畅的,但在这商机的背后,是林熠庭以日积月累的人脉为基石的,他广泛的交友圈为创业带来了更大的可能性。无限潜能加上有力的外部环境,使得林熠庭的创业之势蒸蒸日上。

从酒店的前期施工,到酒店的后期运营,每一个环节都倾注了林熠庭的心血,酒店运营顺利后,他又投资了另两个酒店,在创业的道路上继续高歌。他突破自己的舒适圈,寻求广阔的天地,有一颗不"安分守己"的心、一股源于内心的热血激情、一种异于常人的专注与踏实。借力环境、直面自我,造就了林熠庭人生的不平凡,也支持着林熠庭人生道路顺风顺水继续。

片言之赐,皆事师也

提起杭商院那段艰辛而又充实的求学旅程,让林熠庭印象最深刻的莫过于余臻老师、杨欣老师以及易开刚老师。他们是学业导师,是创业导师,更是精神导师。

"余臻老师给了我信心,让我有勇气完成不可能;杨欣老师在酒店经营前期给了我很多宝贵的建议,让我不再迷茫和无从下手;易开刚老师指导我进行创业比赛,让我积累了丰富的经验,更有能力去做好自己想做的事。"三位恩师的指引与帮助,让大学时期的林熠庭建立起了良好的心态和创业基础,让他锻炼了自我、丰富了自我,为今后的成功打下了基础。

谈及给杭商学子们的建议,林熠庭秉承着"理论与实践相结合"的中心原则,建议大家要确立目标行业及目标企业,这样才能够尽可能深入地学习知识,并且将其运用于实践。此外,身为企业家的林熠庭从自己的角度提出了求职者应该具备的一些基本职业能力。例如:做出一份凸显自己优势的简历,在面试中要学会换位思考,抓住人事经理所关注的点,培养系统的学习能力,能够及时处理突发事件等。这一系列的经验,对于杭商的学子们来说,大到所有求职者,小到以酒店管理为就业方向的同学,都有着深刻的指导意义。

创业成功是林熠庭丰富实践经验的反映,是众多人脉积累所得的成果,更是对于当机立断抓住机遇的回报。如今,身为成功企业家的他,能够与我们分享如此多的职场经验,定是希望母校人才济济。对于母校,对于杭商学子来说,有着林熠庭这样优秀的校友,无疑是一笔无形的财富。

采访记者:胡展铭

钮少伟

/ / /

2013 年 7 月毕业于浙江工商大学
杭州商学院国际经济与贸易专业。曾
任学院学生活动中心主任,大学期间
开始接触电商行业,发现兴趣点后随
即选择自主创业,现以品牌运营的身
份见证电商发展。从大学至今,他始
终清楚自己要做什么,然后为之努力,
在创业之路上排除万难,最终走出了
自己的路。

"一路走到黑"的网店店主

——国际经济与贸易专业2013届毕业生钮少伟的人生信念

"创业就是不停地发现困难、解决困难的一个过程,我从来没有觉得什么是难以克服的。"一台电脑、一家网店,钮少伟将梦中的数字变成了实际的销售额。

小试牛刀,不走寻常路

十年前,还是大一学生的钮少伟抱着试试水的心态,往电商行业探出了他的第一脚。从紧凑的高中生活进入大学,钮少伟并不适应相对空闲的生活,正值淘宝兴起,创业成本不高,他发现了自己在电商方向的兴趣点后便"一路走到黑"。最初的收获是在2009年的"双十一",钮少伟在寝室桌前打开电脑的淘宝界面时发现,这一天自己卖了200多双鞋子,每双鞋的利润是10块。称不上丰厚的收获也使他兴奋不已,按捺不住好心情,打了一个电话给妈妈:"妈,创业太爽了!"

与大多数人的人生轨迹不同,进入大学的第三年钮少伟便提交了休学的申请,毅然选择追逐梦想。他对自己的大学生活进行复盘。身为活动中心的主任,在学生组织的经历让钮少伟认识了很多朋友,教会他怎么带领一个团队一起去完成一个任务,这是他离开学校之前最贴近社会的经历。与此同时,他也不由得心生遗憾:大学时光最是完美幸福,过早地离校创业让他错过了许多平静美好的日子,青春洋溢的校园生活于他也过分短暂。休整之后,钮少伟转到了下一届,继续完成了学业。同学们在学习上给了他极大的帮助,严毛新老师的渊博学识与积极的人生态度使他印象深刻,让他坚定了自己的信念。这次重返校园,钮少伟给自己留下了足够的思考余地。

见招拆招,又临丰收季

越来越多的人倾向于网上购物,同时行业里也出现了更多竞争者,政府列出更多规范和限制,行业环境也越发复杂。钮少伟十分了解自己的能力范围,根据环境和现状,他对未来道路的方向有所预判,及时抓住一切可能的机会,不浪费时间于踌躇和迷茫中。几年的时间里,他做得最多的便是发现困难、解决困难。每次遇到的问题都有所不同,及时总结经验才能形成更好的"防火墙",以便下次"见招拆招"。

在社会中摸爬滚打几年,钮少伟拓展了业务,积累了经验与人脉,他早已将行业规则和实践方法运用得纯熟,事业逐渐进入正轨。终于,在2015年的秋天,他抓住了"双十一"黄金时期,运营的网店一天就达到了3800万的销售额——对于几年前的他来说,这几乎是个只会在梦里见到的数字。"这感觉太疯狂了!"提起这一年的巨大收获,钮少伟不禁感叹道。在同行业不断涌现的竞争者中他不会败退,在层出不穷的各种挑战中他也不曾认输,如今的事业是他一路亲手造就的,如此想来,将梦想中的数字转化为实际销售额,梦想最终能够照进现实,也是有理可依、有迹可循的。事业上的挑战不会让他疲于应付,反而给予他更大的新鲜感和动力,让他迎难而上,勇往直前。

　　面对前方的一切不确定性，钮少伟就像康濯在书中写的那样：劲头鼓得响当当，逢山开路遇水架桥，一气儿跑步向前。

采访记者：张释烨

孙 青

/

/

/

　　2013 年 7 月毕业于浙江工商大学
杭州商学院市场营销专业。曾任杭州
银泰百货世纪有限公司的楼层营管、
嘉兴市永乐房产营销策划有限公司的
房产策划、社区文化宣传员,现任张汇
社区居委会党总支委员。

爬行者

——市场营销专业2013届毕业生孙青的影像

耕耘当下——做一个爬行者,默默实现价值

在这个纷杂烦扰,所有人都想要一跃龙门的环境下,能够像孙青这样明确自己的目标,知道自己想要什么,并且能够从小事做起,踏实耕耘的人不免令人佩服,她的微信昵称叫"爬行者",这也正是孙青的人生影像。

对于应届毕业生,在本专业领域工作几年后又开始从事基层公务员岗位,面对现在的社区工作,孙青凭借着她一步一个脚印的爬行者态度,完美完成了转变。孙青表示,之前的房产策划这一岗位跟自己的专业比较对口,虽然现在的工作看似与大学时所学的专业和之前的房产策划工作没有太多关联,但其实现在的宣传工作和原来岗位是一脉相承的。刚换工作时她的确有一点不适应,但是鱼与熊掌不可兼得,凡事总要有点牺牲和迁就。孙青坦言道:"现在没想过做回原先的工作,我并不后悔,因为我清楚地知道无论在哪里都是能实现自己的价值。"

"以后有机会的话会尝试考公务员。"孙青回忆自己毕业以来的工作历程时

说道。她觉得最困难的时候不是换工作的那段日子,而是刚毕业的时候。那时的她在择业方面感到迷茫和困惑,不知道什么样的工作适合自己,不知道自己到底能做什么,只能不停地面试,面试不同类型的工作,也只能通过面试来了解工种的特性,再来判断自己适合什么,不适合什么,也才明白了一个毕业生在就职市场里的位置。后来她轮岗过收银员、导购员、营管员,慢慢开始管理楼层的人员、场地、货物,这才做到了楼层营管,其中的辛苦只有经历过才知道,这也是每一位职业定位不清晰的毕业生必经的成长之路,但一旦经历过就是成长了。

走向成熟——大学的积累换取未来不迷茫

在谈到对母校珍贵回忆的时候,孙青笑道,最难忘的日子其实就是当年学生时代学习生活的日子。孙青说,其实母校对她最大的帮助并不只是加大了知识储备,更多的是各种社团活动,锻炼了她认识社会和社交的能力。大学里并不应该把所有的重心都放在学习上，在大学里会有很多让你跟各种人接触、跟社会接触的机会，各种实践活动、社团活动、调研活动都会让你发现事情并没有自己想象的那么简单，与人交往也不是很简单的事，最重要的还是你要有亲和力和适当的真心才行。总结来说，大学让她变得成熟了，学会了人与人的交往之道，这才是大学的意义。

回首四年——大学四年拒绝缺憾

最后谈到对学弟学妹的建议时，孙青说："没有大学四年的人生是有缺憾的，好好珍惜这四年，希望在这四年里你们能找到方向，早点开始准备。学一门技术是相当重要的，要学一门相对实用的技术，好好发展你的兴趣，将你的兴趣变成你的长处，而且正是有了大学这一平台，你才会有全部的时间精力去学你所感兴趣的东西。以后这些技能能让你在毕业求职中获得企业的欣赏，比如我在学校学到的PS技术在我后来的工作中就给了我帮助。最后，我想对刚毕业的学生说，有效的简历和所获得的荣誉会对你有一定的帮助，你面试的态度及技巧也是相当重要的，态度是一定要诚恳，要说出自己的亮点，而不是千篇一律地自我介绍。因为大家社会经验都不多，都是一张白纸，能对比的就是面试的态度和简历上能展示自己能力的荣誉。"

采访记者：魏　静

赵一翔

/ / /

　　2013 年 7 月毕业于浙江工商大学
杭州商学院市场营销专业。在校期间
曾于校学生会担任体育部部长，擅长
田径，多次获得浙江工商大学跨栏、跳
远一等奖等。现就职于中国建设银行
温州分行，进入单位五年来，从银行柜
员一路升至网点负责人。

抛弃时间的人 时间也抛弃他
——听市场营销专业2013届毕业生赵一翔谈青春

每个人的一生都需要蜕变，否则每天都在机械地循环往复，人非生而不同，大家都有一样的起点，却有迥异的终点，关键取决于途中奔跑的速度，到头来才发现，你驻足的某个停靠点，亦是你人生搁浅的地方。五年时间，足够让一个男孩成长成一个真正的男人。他日渐褪去初出校园的青涩，学会游刃于一切，从柜员走向网点负责人，他不断积蓄力量，不断寻找一个更好的自己，他就是赵一翔，用奋斗成就了最好的青春。

机会总是留给有准备的人

五年，从柜员到网点负责人。赵一翔笑称这是机遇，但机遇总是留给有准备的人，为了抓住每一次机遇他已经积蓄了太久太久。"你做的每一点努力都是有用的，只是你永远不知道它会在什么时候派上用场。"每天半个小时的工作总结，是对自己一天辛劳的最起码的负责，总结得失、交代工作，轻而易举又重如泰山，很多东西在被生活遗忘的角落里开出最璀璨的花。一年零三个月的积蓄力量,让他脱颖而出,率先成为客户经理。

世事注定不可能永远一帆风顺,大堂经理的路也并不好走,低谷会不约而至。在人工智能并不发达的年代里,人力成了最普遍的劳动力,柜员要指引客户办卡、填单、激活手机银行,低效率的事务型工作蛮横地填满了赵一翔的生活,这严重阻碍了他对银行业务的开拓。他曾这样描述那时的生活:睁开眼睛就一直在指引客户,七八个人围着你,七八只手机都等着你激活,这样的日子好像永远也过不完。业务指标、上级批评、下属压力,来自三个方面不断增加的重量像三座大山重实地压在赵一翔的身上,于是,提高事务型工作效率就成了赵一翔的首要任务。他从实际需要出发,自行截图软件操作步骤,尝试制作业务指导折页,很大程度上提高了当时的工作效率。这也让他从琐碎工作中脱身而出,能够拥有足够的时间去开拓其他业务,来实现业务量和日常工作的双赢,并且为他在短短五年的时间内跃升为网点负责人打下了初步基础。

"社会不会惯着你,你必须不断改进说话的艺术,寻找客户内心中最需要的东西""想要成功,你必须博采众长,每个同事的建议都弥足珍贵""不要相信读书无用论,提升自己的专业知识水平,永远都是重中之重""谈判能力,沟通能力,组织能力一样都不可缺",赵一翔让我们有理由相信他时刻准备着,时刻准备好了,因为他时刻在路上。升职机会的到来并不是无理由的,工作是一段没有毕业的旅途,能够走多远取决于你是否准备好。

现在,努力让他终不悔,准备成就了赵一翔。

杭商的运动达人

运动达人,一直是赵一翔身上一个显著的标签。在杭商院学习生活期间,他就常年蝉联跳远、跨栏项目的奖牌。因为对跳远、跨栏运动的热爱,他一直积极投身于体育训练,运动会各项比赛的成功更是让他遇见了一个更加自信的自己。他说他永远相信过程决定结果,有才能就去展示,绝不给自己有怀才不遇的机会。因此他从不放弃任何一个比赛的机会,"不去试你永远不会知道自己

到底有多强"的信念支撑着他不断努力,突破自己。为自己、为班级、为学校,他在一次次汗水中不断出发,在鲜花和掌声中不断得到认可,在失败和汗水中不断得到磨砺,自信和坚强是运动带给赵一翔最好的礼物。

关于赵一翔在杭商的故事,办运动会无疑永远是主线。从训练到比赛,从陪练到运动员,杭商院全员出动,每一个杭商学子都尽力参与其中,抢眼的开幕式、周到的后勤,小到关切每个运动员训练日的早餐,大到共忧运动员比赛的伤势、学校的荣誉,大家都向着同一个目标努力进发,或许辛劳,或许失败,但这一切他们一起走过,一起哭,一起笑,他们共享失败的苦涩和成功的喜悦。这强大的凝聚力让杭商院变成了一个家,这种力量让杭商院更加强大,支撑着每一个杭商学子更加自信、坚强地继续努力下去。

采访记者:陈依雯　罗忠琴　洪纯愿

周　行

　　2013 年 7 月毕业于浙江工商大学
杭州商学院国际经济与贸易专业。毕
业后远赴迪拜从事销售工作,现任绍
兴创筹纺织品有限公司总经理。

别在最能吃苦的年纪选择了安逸

——国际经济与贸易专业2013届毕业生周行告诫学弟学妹

"90后"的周行出生在浙江省绍兴市,是浙江工商大学杭州商学院国贸2009级庚班的一员。大学毕业后,周行选择了远赴迪拜从事国际纺织贸易的销售工作,这一次的海外工作经历,让他积累了不少销售经验,也感受到了纺织产业在国际上的发展前景。回国后,周行在绍兴知名纺织销售企业工作过,也自己创业过,兜兜转转,最终选择了回家管理工厂,从事化纤和织造行业。

周行放弃自己多年在外面积累的人脉与工作圈子,回家管理工厂。一方面是想减轻父母管理工厂的压力,另一方面是为了不让父母多年的心血付之东流。凭借着满腔的热血,周行在工厂里从最基础的工作做起,多年下来,工厂的技术逐渐成熟,管理模式也愈发完善。在周行看来,每一个职业都是值得尊敬的,虽然纺织工作的入职门槛很低,但这并不代表着成功就唾手可得。

家境殷实的他并没有在最能吃苦的年纪选择安逸,他不断地"折腾"自己的人生,从出国到回国,从创业到扩大商业版图,他从不为自己取得的成就骄傲自满,他这样说道:"别多想,只管开始做。"对于未来,他没有想太多,只是想先把自家的名声打响,不求量而求质,在保障成品的品质之后再来规划下一步。

初现领导管理才能

在大学期间,周行担任过国贸2009级庚班的班长一职,这一当就将近四年。大一入学没几天,在其他同学还在熟悉阶段的时候,他就开始考虑班级凝聚力的问题。周行说:"班级刚刚形成,大家彼此间还有疏离感,虽然班里能人众多,但是大家对大学班级没什么归属感。"班干部自荐环节的时候,他提出了"ALL IN ONE"的概念:班里所有的人都是一体的。也许是因为他的语言具有感染力,也许是基于相信周行的领导能力,周行最终毫无悬念

地担任了国贸 2009 级庚班的班长一职。在担任班长期间，他带领全班参加过很多的团体活动，也获得过很多的荣誉，每一个荣誉都在宣示着他们是一个团体——"ALL IN ONE"的概念绝不仅仅只是一个口号。

实现梦想，他选择稳步前进

在中学时期，周行就迷恋上了打篮球，大学期间也会在学校操场上和哥们儿打球。篮球接触得多了，对球鞋的关注也随之变得多了起来。工作之后，因为业务繁忙，很少有时间去球场打球，所以他就把自己爱好的重心转移到了球鞋上，各种牌子的球鞋他都如数家珍，自己私下也收藏了不少。对他来说，收藏球鞋一方面是喜欢球鞋的款式，另一方面也是给自己找一个释放工作压力的途径。通过理性的消费购物舒缓平时生活、工作上的压力不是女人独有的权利，男人照样也可以用这种方式去减压。

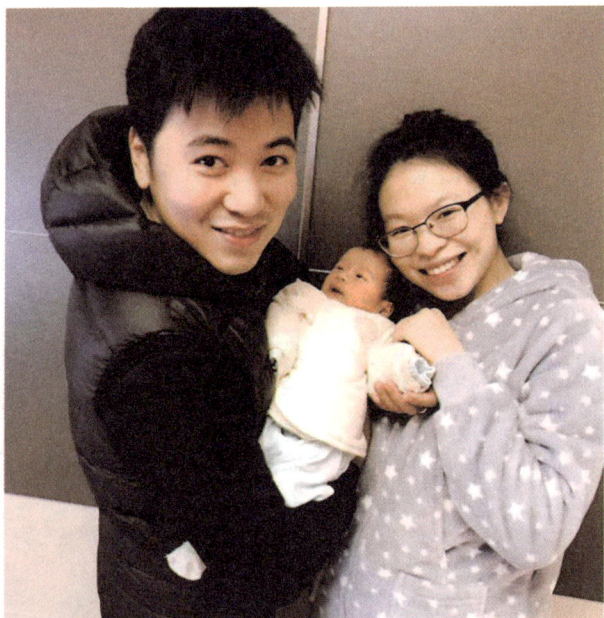

　　他说当初填报志愿选择国贸专业,纯粹是因为当年国贸专业和金融专业比较热门,比较好就业。大学四年时间里,他获得过奖学金,也加入过班联,课余会花大量的时间学习英语、日语。大学期间,除了学习,社交和其他能力的培训对他而言同样重要,他一直告诉自己,绝不能把时间只花在书本上。

　　我们每个人都有做梦的权利,但这并不代表着就不需要努力,因为没有一个人的成功是随随便便获得的,梦想不实现,那它终究只能是遥不可及的梦。作为一个对自己的未来有规划的人,周行绝不会让自己的一天过得浑浑噩噩。他一直坚信,与其花时间做白日梦,不如从小事做起,从一点一滴做起,每天朝着自己的目标迈进一小步。

　　周行说,你在做梦的时候,总有人在努力,梦想是靠干出来的,而不是想出来的。

　　　　　　　　　　　　　　　　　　　　　　　采访记者:吴浩静

池韦婕

　　2014 年 7 月毕业于浙江工商大学
杭州商学院资源环境与城乡规划管理
专业。在校期间,任班长联席会干部、
班级团支书等职务。现为嘉善一名基
层公务员。

初夏的一朵新荷

——记资源环境与城乡规划管理专业2014届毕业生池韦婕

你见过集漂亮温柔、满满元气于一身的公务员吗？杭商院2014届资源环境与城乡规划管理专业的池韦婕就是这样一位充满活力的女生。

带着一颗平常心，"一路向公"

受家庭的影响，池韦婕自然而然地走上了考公务员的道路，虽然曾经她也对公务员有少许偏见，但在实习工作后也体会到了这份工作的挑战性和重要性，这更坚定了她考公的信念，并一路坚持，那时的她白天在环境单位实习，晚上利用空余时间准备公务员考试，但她从来没有带着一颗非要不可的功利心，正如她给人的印象一样，永远温柔娴静。拥有良好的心态和合理利用时间的习惯成了她的优势，让她顺利地在考试中脱颖而出，成了一名她心中期待的公务员。

青春珍贵，她学会用心去享受

　　我们总是会抱怨时间不够，组织、社团、学业把我们的生活填得满满的，我们把忙碌当作搞砸很多事情的理由。池韦婕在大学期间，是多个组织的干部，还是班级里的班委，但她仍然学习成绩优异，这世上没有通往成功的神奇钥匙，利用碎片时间是她成功的秘诀。她说："其实我们的时间都在不经意之间流逝，也许少刷一分钟抖音，少看一分钟微博，少聊一句微信，就可以做成一件很有意义的事情。"那时的她一下课就往辅导员办公室跑，看看有没有什么需要帮忙的。当一件事情做得久了，你会变得习惯并且自得其乐，工作在她看来从来不是一件辛苦的事情。她说，成为班级团支书并没有让她觉得生活变得忙碌烦躁了，反而让她更享受与同学们谈心时的收获，也对能调节班级氛围感到欣喜。她所在的组织也是意外频出，班联的一次星级班级评选活动让她记忆犹新，因为时间原因要熬夜赶制邀请函，但这份因意外而手绘的邀请函也成了她心中永远珍藏的一份美好。也许，生活就是一个一个的小意外遇到一个一个的小幸运，只要用心去享受每分每秒，生活就能熠熠闪光。

从你的眼睛里，看得见你读过的书、你遇过的人、你经历过的风景，池韦婕是一个把生活过成诗的人，书法、篆刻、二胡、摄影、烘焙等都是她的爱好。她爱烘焙，更像是一种用心的生活态度，把每一样食物都摆成它最动人的样子，看似寻常的食物，也在万千世界里酝酿出了醍醐味；她爱摄影，更像是一种艺术的指引，她说，当你拍出一张好看的照片，就会停不下来；她爱书法，那是她美好岁月的始发站。她说："小时候因为好动，一度被老师认为是问题学生，直到去学了书法，第一次去比赛获得了不错的成绩时，老师对我说'字如其人'，我一直都记得。书法给我带来的小小的成就感改变了我的生活，我对很多东西的热情都始于那时。"

别看她写字刻章时安静温柔，她的性子可是十分的活泼呢，这都是受到原生家庭的影响。小时候父亲带她体验过一次又一次不同寻常的探险，父母对她爱好的支持，是她性格丰富饱满的关键。生活是一本动人的书，是需要用心书写自己的华丽篇章的。

她刻着章，写着字，岁月就在这月月年年的好时光中，缓缓流淌。

采访记者：骆雪嫣　龚浩淇　王晨欢

林 志

/ / /

2014 年 7 月毕业于浙江工商大学杭州商学院会计学专业,在校期间曾任学院团委办公室干部、班级团支书等。现任共青团苍南县委办公室负责人,负责苍南县共青团和青年工作。

帅气男孩的平凡与不平凡
——记会计学专业2014届毕业生林志

一张青涩而又充满朝气的脸,在清华大学门口的景色中突显。林志,我们杭商院曾经的一员,为我们诉说了他这些年平凡而又不平庸的经历。

尽好本职是做好自己的不二法门

林志说他没有过什么特别惊心动魄的经历,也没有所谓的成功人士所遇到的重大困难或挫折后绝地而起、凤凰涅槃的故事,还谦虚地表示自己其实并不优秀。但是,他口中的"不优秀的人",却是苍南县税务局的一把好手,还曾在国家税务总局就职。有时候普通的人生有着更加光芒四射的经历,平凡但不平庸,谦虚但不虚度。

林志一直在人事教育科工作,有着人事管理、教育培训、绩效管理、机关党建、纪检监察、公文写作、党工青等多种综合部门的工作经验,做过专职也有过兼职。林志说,反正能干得过来的就都干过来了,财税分家时,他也不清楚会去财政部门还是税务部门,但是能做的只有干好每一件事情,做好应当做的,尽好自己的本分，就会有人看到自己的长处。不需要刻意去显露自己的锋芒，只管踏踏实实做自己的事，并把它做到最好，这就是成功。

林志在工作的第三年，报考了在职研究生，他说考研是他大学期间一直想做却没做的事情，这个遗憾不应该以工作为借口让它一直留在那，何况学习是永无止境的，不能因为赚钱或是忙碌就忘了学习。林志报考了公共管理专业的在职研究生，一方面是工作需要，一方面也是让自己保持学习的状态。让自己处于忙碌而不庸碌的环境，用饱满充实的面貌去完成自己的心愿。

准备好最好状态的自己

大学期间的在校工作生涯是林志比较难忘的一段经历。担任四年学习委员，星级班级团支部评比都取得了比较优异的成绩，他建议学弟学妹们不要觉得光读好书就行，在学习好自己专业以外，应多参加一些组织活动和学科竞赛，这会对人生起着无法预估的作用，在潜移默化中帮助你提升自己。提早准备好人生规划，在什么阶段做什么事情，没有目标的虚度是浪费青春。想成为什么样的人，要靠努力要靠积累，要靠坚持培养和锻炼各方面的能力。社会需要的是做好准备的你，而不是它来教你如何去做好准备。

林志最后提到希望多组织校友见面会，很多曾经的那些稚气的脸庞如今已经成为社会上各方面的精英，见面会能让大家与更优秀的人相识交流。学无止境，只有努力让自己做一个更优秀的人，才会在社会上更好地立足。

采访记者：徐梦娇　陈依雯

柳　源

///

　　2014 年 7 月毕业于浙江工商大学
杭州商学院会计学专业，大学期间曾
任校科创部副主任。现在嘉兴市农业
银行理财经理。

会计学毕业生大有用武之地

——会计学专业2014届毕业生柳源如是说

随着会计行业的发展,选择会计学专业的人越来越多。而历来是毕业生"大户"的会计学专业今年将贡献92万的会计学生走向社会。那么,每年在那么多人选择会计学专业的情况下,如何才能脱颖而出呢?杭商院2010级会计学专业的柳源就是一个很好的例子。

边做边学,踌躇满志

人们常说:一件事做一千次一万次,那么再平凡的事也能成为传奇。柳源就是一个在繁琐忙碌的岗位上收获了不平凡事业的人,面对会计成为热门专业,银行成为毕业生蜂拥而至的地方的现状,他直言会计、银行从业人员饱和状态只是相对的,虽然从事会计行业的人数庞大,但能成为行业精英的依然是凤毛麟角。确实,目前全国会计人才市场逐渐呈现两极分化的趋势,一方面普通会计人才严重饱和,另一方面高级会计人才严重短缺,甚至需要从其他国家引进。因此,作为柜员的他如今在事业上帮助客户经理,同时学习新的知识,他依

然踌躇满志,希望来年可以更
优秀。

两年支教,感悟颇深

回想大学时光,在学生组织
的经历让他感慨万千。他说:
"印象很深刻是当时青志协会在
暑期组织了两次去丽水支教,这
让我对于贫穷和理想有了新的
感触。我们给孩子们带去的是
信心和理念,同时他们对于未来
期待的那种眼神在我心里留下
了不可磨灭的记忆,还有我教过
的小孩子后来也考上了杭商院
的奇妙缘分。"这对他之后的工作和生活带来了极大的影响。

他认为,大学必须要有一次打工经历,当时的他在"一茶一坐"打工,每天都
要在客人进门时说一句欢迎词,从一开始的腼腆害羞,到后来能够收放自如,这
极大地锻炼了他的胆识和交际能力。像他说的,做银行的,得什么话都会说,相
信打工的经验为他的工作奠定了良好的基础。柳源还分享了同为浙江工商大
学毕业生的妻子的学习方法,他说:"她其实更忙碌,学习、学生组织、班里都要
忙,她平时就一心在忙学校的事情,学习中上课一定会认真听,从来不会玩手
机,对待作业也是十分认真,最后在考前努力地复习,这让她平衡好了学习和学
生组织事务,并且考研成功。"

成功往往就在一些不经意的细节中,要做好每一件事情;大学是衔接校园
和社会的最后平台,要珍惜在大学中锻炼自己的时光。

柳源说,从一个人到对一个家庭有责任,是汗水中都带着幸福的。他平时都尽量兼顾好家庭和事业,周末一定会陪妻子和孩子出去走走、爬爬山,生活是需要热情和活力的。生活在岁月中细水长流,压力也会慢慢转变为动力。

采访记者:骆雪嫣　龚浩淇　王晨欢

张晨欣

/
  /
    /

　　2014 年 7 月毕业于浙江工商大学杭州商学院旅游管理专业，后攻读瑞士酒店管理大学硕士。2016 年里约奥运会、里约残奥会，2018 年平昌冬奥会国际志愿者。

我们也可以成长为自己喜欢的样子

——旅游管理专业2014届毕业生张晨欣谈人生

张晨欣是我校旅游管理专业2010级甲班的学生。

在平昌冬奥会中进行国际志愿服务工作时,有记者问她,你为何看起来这么阳光,总是微笑,感觉每天都很开心呢?她回答说:"因为我要stay young啊!相比那些比我年轻却老是在抱怨的人,我喜欢远离那些负能量的事物,去做自己真正热爱的事情!"

奥运志愿者梦

张晨欣是国内少有的同时参与2016年里约奥运会、里约残奥会和2018年平昌冬奥会的"90后"国际志愿者。2014年,里约奥运志愿者招募伊始,正在瑞士读研究生的她第一时间递交了申请。她说:"2008年我还是高中生,错过了成为北京奥运会志愿者的机会,这次在里约一定要实现我的奥运志愿者梦想。"从报名申请到最终拿到里约奥组委的offer,张晨欣经历了笔试和面试。在面试环节,也经历了一些波折。前四次由于网络和VPN的原因打不开面试系统,又因为时差改时间，直到在东京顺利完成面试，她才长长舒了一口气。

2016年的巴西，政局混乱、治安异常，几乎多次被外媒质疑是否真的能顺利承办奥运会。张晨欣坚定自己的想法，在拿到正式offer后就着手准备申请签证。她花了两个月的时间说服家人、朋友和同事、领导，一个人踏上了前往南美洲的飞机。落地巴西，第一次站在了里约热内卢的土地上，这里并没有别人口中的战争纷乱，南美洲人民的热情感染了每一位志愿者和观众。亲身服务于奥运赛事，在展现中国志愿者形象的同时，传播中国文化，张晨欣这才真真切切感受到志愿服务的幸福。和来自世界各地的不同肤色、不同背景、不同国籍、不同种族的志愿者小伙伴在一起，让她真实地感受到，人生有很多种可能，而真正的幸福在于，能够按照自己喜欢的方式度过这一生。

奥运会志愿服务工作如期进行，在里约热内卢，她帮助接待各国的运动员代表，维持比赛场馆秩序，同时肩负起中国运动员的翻译、协助外国媒体进行采访等工作。在2018年平昌冬奥会期间，她进行颁奖典礼的志愿服务工作，需要带领获奖运动员走上领奖台。她说："这是整个奥运会期间最开心的时刻，这里也是离奖牌最近的工作。"每当自己国家的国歌响彻大地，运动员、工作人员、志愿者和观众都高兴得不能自已。当我们站在这里，并不仅仅代表着我们自己，更代表着我们的祖国。

最激动人心的时刻，莫过于能在现场亲眼见证五星红旗升起，亲耳听到国

歌响起。2018年2月23日晚，当五星红旗冉冉升起，中华人民共和国国歌在平昌奥林匹克颁奖广场唱响，无数人眼含热泪看着武大靖拿下了第一块金牌，这也是中国在平昌冬奥会的首金。教练员、部分运动员、表演团、志愿者、观众都来到了颁奖典礼的现场。张晨欣和志愿者同伴们手举国旗，站在颁奖典礼现场，她心中燃起了身为中国人的自豪感，这和在2016年里约残奥会时，她站在中国残奥击剑代表团身边的心情一模一样。不亲身参加一次奥运会，永远都不知道自己有多么爱国！

不安分的梦想

"我一直就是一个不安分的人，没什么可以让我气馁的，因为我有长长的一生，而梦想，它一定会实现。"张晨欣总是用她对生活充满期待的脸告诉我们，人生就要多折腾！

大三时，张晨欣就和辅导员申请去尼泊尔支教。她从西安到拉萨，再沿着318公路走陆路进尼泊尔，那是她真正意义上的第一次独自旅行。她支教的孤儿院在离首都加德满都不远的帕坦，来自不同国家的年轻人自愿来到这里，和孩子们一起生活，一起学习英语。这是一座收纳孤儿的福利学校，张晨欣准备了文具、糖果等，教孩子们学习汉字的书写，宣传了中国文化，度过了愉快的支教时光。

眼界限制了我们的想象，想要探索未知的世界，只有"豁出去"，勇敢走出人际舒适圈，才能释放巨大的能量。张晨欣是个典型的白羊座，直率、热情，仿佛有无穷的生命力，生机勃勃又激情盎然。为了参与奥运会志愿服务工作，她曾两次辞职，又顺利找到工作。除了朝九晚五的工作，她和设计师小鸟在杭州创办了公众号"有味读书会"。作为专注于"90后"社交活动的线下组织，在两年多的时间里，已经举办了大大小小30多场活动，包括梦想卧谈会、先锋插画展、森林野茶会、有味桃宴、手工课、技能分享会等，有超过1000个有趣的灵魂参与其中。

可能很多人会质疑，花这么多时间去从事志愿服务，到底能收获些什么。她认为，站在奥运赛场上的意义、服务奥运会的意义，就是亲眼见证这些奥运为世界带来改变的瞬间。

什么是真实？《无问西东》里梅贻琦校长回答吴岭澜"什么是真实"的问题时说："真正的真实是，你看到什么，听到什么，做什么，和谁在一起，有一种从心灵深处满溢出来的不懊悔也不羞耻的平和与喜悦。"我们看重的是真实的当下，是奥运精神带给我们的激励和对未来的影响。那汇聚着千万人力量的奥林匹克精神，扎根进了无数年轻有为的志愿者心中，而终将影响他们未来对于人生道路的选择。

现在的张晨欣已多次在大型国际赛事中通过分享奥运故事，启发和鼓励更多的年轻人参与到大型国际赛事志愿服务中去。她在2018年杭州世界游泳锦标赛（25米）、2019年武汉军运会的志愿者培训中担任志愿者培训师，并在线上进行2020年东京奥运会国际志愿者申请培训，有超过5000人收听。她还将身体力行，继续为即将到来的2022年北京冬奥会和2022年杭州亚运会志愿服务工作努力。

采访记者：方声远　张沈秋　洪纯愿

舒意鑫

2015 年 7 月毕业于浙江工商大学
杭州商学院会计学专业。现任济宁小
浪花信息科技有限公司 CEO。

"偏执"造就了今天的他
——记会计学专业2015届毕业生舒意鑫

目前,一则轰炸性的新闻在网络炸开了花,优酷以16亿拿下世界杯转播权,而让人想不到的是,在如此大手笔的成本下,优酷网首页世界杯宣传视频的制作却有来自杭州某团队的一分力量,该团队的领导者就是今天的主人公——舒意鑫。

岁月积淀——社会的磨炼,让我成长

舒意鑫给人的第一印象,是他身上透着的那种极简风格,一件淡灰色的素麻短袖,搭配上休闲短裤,使人完全不能将他和CEO的身份联系起来。

2014年,他是教英语的培训教师。

2015年,他是医药公司的销售。

2016年,他入职国内最大的女性社会化电商平台"蘑菇街"。

2017年,他创立属于自己的互联网公司。

数次转型,几经跨界,是很让外人惊诧的,但舒意鑫谈及转型时,语气里却透着平稳自信:"我从来不会让过去的经历来决定我将来的方向,而是通过不断寻求自己的心之所向,去多尝试多积累。我想,勇于跨界并不难,难的是如何能够为自己以后的方向打造一个复合型的知识体系。"舒意鑫在教学经历中,在一次次与学生的沟通中,锻炼了耐心。在做医药销售时,每每与客户的谈判都能学到该如何去维系或管理客户关系。在"蘑菇街"的那段时间,既体会到了大公司的艰辛,又汲取了国内先进电商平台的管理经验。到如今,舒意鑫所在团队发布的视频播放量最多的达到2000余万次,手下几个自媒体的粉丝量更是达到了百万级别。谈到创业的初衷,舒意鑫说,这还是源于自己内心的"躁",从大学起,他就是一个"激进"的人,在同学老师眼中他是一个做事雷厉风行的人。不管是实习还是出国留学,只要是他选择去做的事,每一步都走得坚定而又迅速。

扬帆启航——追梦路途,更多的是坚定的信念

自媒体是现在最火的项目之一,很多人都在做自媒体,这也导致了自媒体行业的竞争越来越大,特别是对于新手来说,好内容的制作尤为重要。在各个自媒体开始流量争夺的时候,舒意鑫却有自己的想法:"通过大数据分析,我们可以了解用户最近做了什么、喜欢什么,并以此优化营销策略,如今单纯依靠媒介曝光而忽略内容质量的方式将难以为继,我更多地希望依靠一种战略指导思想、思维逻辑的个性营销内容,来吸引特定受众主动关注。"而进行个性新营销时,首先要解决公司融资问题。在自主创业的道路上摸爬滚打多年,舒意鑫先饱尝了创业的艰辛。

脚踏实地——创业是一个过程,要不断学习

"虽然有很多做公众号月入几万的例子存在,这也确确实实吸引了很多人去走自媒体变现这条路,但是真正实践下去的人都知道,自媒体起步是很困难

的。"对于舒意鑫来说，有三点很重要。想做自媒体，圈子是很重要的。许多在二三线城市工作的新媒体人，因为氛围不如大城市，在真实的工作中常常找不到可以交流讨论的同伴。或许因为专业原因，他身边认识的自媒体人很少很少。为了拓展人脉，舒意鑫经常参加一些沙龙交流会，积极地去结交一些同行朋友，也参加过一些媒体人聚会。有了交流讨论的同伴，他可以了解到很多，如行业的发展情况、哪些推广方式效果好点、哪些是雷区等，所以说圈子很重要，多认识几个人就长一些知识，与不同人交流是一种很不错的学习方法。

锻炼好思维，以不变应万变。新媒体为什么是"新"媒体，就是因为它不断变化，不断在更新。现在的知识可能马上就会过时，而且对不同的情况也要有不同的考虑，因此，对于新媒体这一行，思维很重要。在二三线城市工作，就要考虑二三线城市的情况，不能将在一线城市使用的方法完全照搬，要用好的思维去考虑。在学习新媒体的时候，不仅是要学会记住知识，也要不断地思考，锻炼自己的思维。

实践是最快的学习方法。新媒体不是了解知识就可从学会的，在二三线城市和在一线城市可能会不一样，有些营销方式不一定都适用，要在实践中找到问题所在，而动手也永远是最快的学习方法。"半撇私塾"的教学理念是"做是最好的学"，舒意鑫表示这句话让他受益终生。他在实操中不断地提高自己的技能，不断地踩雷，不断地改进。尽管创业期间有很多非常艰苦的时期："天天都想着放弃，但是还是会坚持给自己一个时间，因为创业是需要一个过程的。"没错，新媒体创业是一条很长的

路,所以即使很困难他还是会坚持下去。

仰望星空——创业对于大学生仍不失为明智的选择

在如今的创业大潮中,大学生似乎是个不受待见的群体,雷军、马云等商界大佬都曾建议大学生不要创业,那么大学生创业是否还是个有价值的选择?

舒意鑫如是说:"参与新媒体创业的人越来越多,大学生要想从中脱颖而出,核心竞争力在于对生活的理解,了解市场和他人的需求。确定好自己的定位和目标人群,找出自己的特色,脚踏实地坚持做自己感兴趣的东西。"如此,大学生创业毫无疑问是富有意义的,关键要能够在创业之前对社会、对市场有成熟的认识,不仅仅要褪去学生的稚气,更要能够静下心来,来打造自我的价值体系与追寻自己想要的东西。现在有许多人因为害怕创业失败而不敢行动,其实失败并不可怕,在创业过程中获得的知识的学习和积累,也会是一笔宝贵的财富。

校友说:"对于我来说,最重要的就是活在当下、夯实理论基础,实践与理论每一方都不得偏废,才会有展示的舞台。不怕才能得不到发挥,而应怕自己没有达到应有的水准!总是畅想未来而不付出实际的努力,是无法到达成功的彼岸的。不经历风雨,怎么见彩虹,没有人能随随便便成功。同学们在余下的大学时光中,要不断提高自己的综合素质,多读书,多参加社会实践活动,走出校园,接触社会,为未来脚踏实地走好每一步。"

关于校友寄语,舒意鑫表示十分感谢母校给予他宽松的学习环境,让他能够得到很多实习的机会,为一路的创业打下基础,并勉励我们,大学时代一定要去多尝试,尽早明确自己的定位,使自己有规划地充实地度过这四年!

采访记者:欧阳迪

罗佳敏

/ / /

2015 年 7 月毕业于浙江工商大学杭州商学院金融学专业，2018 年 6 月研究生毕业于浙江师范大学教育学专业。曾荣获"优秀毕业生""优秀研究生干部""优秀团干部""暑期'两学一做'志愿服务专项行动先进个人"等多项荣誉。2018 年 9 月至今任浙江越秀外国语学院校长（党委）办公室秘书一职，现担任浙江工商大学杭州商学院绍兴校友会第一届理事会秘书长。现已考取心理咨询师（三级）、教师资格证（高中政治）、教师资格证（初中数学）、证券初级证书等 12 项证书。

"转型"的人生愈加美丽

——金融学专业2015届毕业生罗佳敏的美丽人生

人生就像在起点站和终点站间往返行驶的有轨电车,这样的生活似乎缺少点什么。但她的血液里却有一种强烈的愿望,渴望一种更狂放不羁的旅途,渴望着一种更加精彩的生活。她就是浙江工商大学杭州商学院优秀毕业生——罗佳敏。

全新的旅程,全新的出发

迈入大学后,罗佳敏就对自己的人生有了新的规划,为了能够尽快适应大学的学习和生活,她集中主要精力在知识学习和社团活动上,学有余力的同时会参加各种活动和竞赛、志愿服务,根据自己的职业规划调整行动方向。

大学四年的学习、生活和工作确实给予她很大的影响,特别是对性格的影响。在中学期间,她有时候不太善于表达自己的想法,但在上大学后,她参加了校学生会、院学生会、大学生心理健康协会等多个学生组织和社团,担任班级的组织委员、团支部书记,积极参加了校内外各种活动和比赛,在不断锻炼中逐渐从敢于表达自己到善于表达自己,也促使她在今后的学习、生活和工作中敢于抓住每一次表达自己的机会,获得了不少提升的机会。一方面,她结交了许多朋友,积累人脉,扩宽了社交圈,增长了见识;另一方面,她积极参加活动、竞赛,积累经验。每次参加活动、竞赛其实都是对自我的一次挑战和对能力的一次锻炼,在学有余力时多参加活动和竞赛,有利于提升自身的综合能力。她也十分感激这一路走来给予过她帮助和鼓励的老师、同学。

"转型"突破真实的自我

经过一段时间的专业课学习后,她的人生有了第一次的"转型",从原本的土地资源管理专业转入金融学专业。当她发现所读专业与内心的真实想法产生矛盾时,班里的班主任助理给了她很大的帮助和指导,让她有了新的规划。让她记忆犹新的是,在转入金融学专业后,利用自己专业所学炒股,赢得了人生的第一桶金。

在考研的过程中,罗佳敏迎来了人生的第二次"转型"。她选择教育学作为研究生专业。知识结构差异化、逻辑思维多维化,这都给她带来了很大的困难。但是通过不断努力,她成功实现了目标,在读研究生期间,她学习了大量关于高校管理、教师教育等的内容,为现阶段从事高校工作打下了基础。

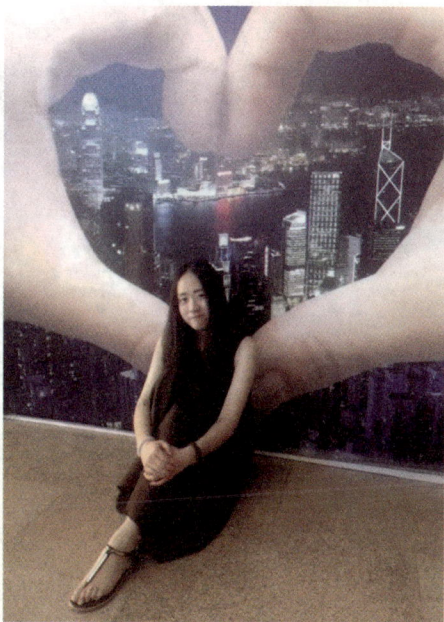

品尝"转型"的果实，体验到成功的甘甜

2018年9月，罗佳敏开始担任浙江越秀外国语学院校长（党委）办公室的校办秘书一职。这不仅与她想从事跟研究生教育学专业相关工作的初衷相同，同时能发挥所学专长。经过一段时间职场的适应后，她最大的改变是能力的提升，特别是文字表达能力和沟通协调能力。现在她主要负责的起草、编辑、校对领导的讲话稿、主持稿和会议记录、简报等工作，对文字表达能力的要求较高。同时又因为校办秘书也承担上传下达的职责，负责与学校各个部门和学院以及校外人员的沟通交流，所以在沟通协调能力方面也有所提高。

在她看来，具备文字表达能力、沟通协调能力、团结协作能力、创新能力，无论从事何种工作，都有必要。她这一份工作主要面临的问题是有许多临时性工作，需要在较短的时间内完成稿子的撰写，这也时常会让她觉得时间紧促。

人生的一次次"转型"，就是走向成功的一次次积淀。或许曾经不知自己发展的可能性，但当你踏出第一步时，才会发现下一步的美好。很多机会如若错过就不会再得到，不断拥抱发展，才能成为更好的自己。

采访记者：郑子昂

王小丹

/ / /

　　2015 年 7 月毕业于浙江工商大学杭州商学院人力资源管理专业。在校期间曾被评为"浙江工商大学优秀公益人""杭州商学院优秀毕业生"。毕业伊始，服务于华博特教育集团，连续三年负责集团在国内 211、985 院校的校园招聘，后统筹集团高端人才招聘、培训体系搭建等人力资源工作。连续两年被评为"华博特集团优秀员工"。现服务于阿里巴巴数字经济体二环公司，作为 HRG(Human Resources Generalist，阿里人事政委岗位)，协助业务搭档定战略、造土壤、断事用人。

用计划与自律诠释坚持的力量

——人力资源管理专业2015届毕业生王小丹的成功人生

"工作边界是可以打破的。'有分工、无边界',是一种特别值得提倡的工作理念。从事人力资源的工作,不仅仅是靠情商去支撑,更需要有非常丰富的专业积累。专业能力是一个非常必要的条件。"

作为阿里巴巴数字经济体二环公司的HRG,2011级人力资源管理专业优秀毕业生王小丹用独特的工作理念来阐述HRG这份工作的本质,也总结了走向成功的经验。

偶然的追剧经历,萌生新的人生规划

在上大学那个暑假,她看了一部电视剧——《杜拉拉升职记》,当时杜拉拉的岗位是HR,这对她产生了深远的影响。在大多数人的眼中,人力资源管理不过是一份负责招聘员工的职业,但在她看来却不尽如此。她认识到HR并不是一个孤立的角色,想要成为一名优秀的HR,不仅需要具备深厚的专业知识,更需要在日常的工作场景中"走出去",去协调部门间的关系与资源。

坚持与自律标志着成长

在大学期间,王小丹会自发地花很多时间到专业课中。这个过程不仅仅是跟着专业课老师学习,更是一个吸收与交流的环节。在拿到新书后,她通常会对这本书所有的章节做一个大致的浏览,之后会在了解课本观点的基础上,去图书馆找相关理论的书籍,将不同的学说和理论放在同一截面一起来看,深入了解其背景,如创始人的阶级、时代、学说以及不可避免的局限。而课堂的学习,更多的是一种知识的补充。

在学习的过程中,她逐渐认识到了正确管理时间的重要性。学会取舍是一个人成长的标志,面对生活中繁杂的事情,要学会做出正确的选择。大学的课程是繁多且枯燥的,王小丹指出,那些以为除了考试就再也用不到的高数、统计学、VB终会让你更了解这个多维世界。社会是极其复杂的,多掌握一门技能对每一个人而言都是非常有益的。

在职场与水中世界徘徊，让她懂得生活

毕业伊始，王小丹就服务于华博特教育集团，并且连续三年负责国内211、985院校的校园招聘工作。现在作为阿里巴巴数字经济体二环公司的HRG，她对自身的这份工作也有了更深的见解。在她看来，如何形成人职匹配和平衡，不仅仅要靠情商去支撑，更需要有非常丰富的专业积累。一名优秀HR的判断力不仅在于令入职人员满足当前的岗位需要，更在于其未来的潜能与岗位发展的匹配度。在工作之余，王小丹会选择通过游泳、喝茶来放松自己。游泳让她的体能有了极大程度的提高，且忘却工作去走进一个全新的水中世界是一个特别享受的事。

"我会做业务线的HRG，用自己的专业储备协助我的业务搭档，去支持业务团队，拿到他们那个想要的结果，和团队一起成长，让团队持续增值。"谈及未来的规划，王小丹更专注于着眼于工作与团队，踏实完成每一份工作。

　　"聪明、乐观、皮实、自省",这是阿里前高管彭蕾的人才观,也是王小丹特别赞同的一句话。聪明是兼具智商与情商;乐观是既要乐观,也要时刻警惕;皮实是经得起失败、经得起"捧杀";自省则指的是手电筒要照他人,更要照自己。这些不仅是从事人力资源工作必备的特质,对其他岗位也同样适用。王小丹怀揣着最初的梦想,用计划与自律诠释了坚持的力量。

　　　　　　　　　　　　　　　　　　　　　　　　采访记者:郑子昂

陈玄琪

/ / /

2016 年 7 月毕业于浙江工商大学
杭州商学院日语专业，在校期间曾任
浙江工商大学青年志愿者协会会长。
研究生就读于上海对外经贸大学法学
专业，曾赴美国圣约翰大学法学专业
参加为期一年的学习交流活动。

灵光一瞬，开启漫漫法学路

——日语专业2016届毕业生陈玄琪的人生转型

  大学时期，陈玄琪是班级的心理委员。她每周都会和班级同学聊天，帮助他们排解烦恼。同时，作为校青年志愿者协会（以下简称"青志"）的一员，陈玄琪积极参与各种各样的志愿活动。大三那年的暑假，陈玄琪作为团队队长带领青志参加支教活动，她说那次活动令她记忆深刻。身为队长，大大小小的事全都要亲力亲为——从最初的方案策划到后期的整理样样没有落下。虽然过程很辛苦，但也正是这次经历让陈玄琪各方面的能力有了很大的提升。"其实我的社交能力在之前是有点弱的，参加组织之后就要和很多人沟通，人际交流能力提高了不少。而且组织里每个人的想法不同，作为队长我不可能做出让每个人都满意的决策，所以我也渐渐有了自己的判断力，做事比以前更果断了。"

  在大学里，最让陈玄琪难忘的是她的辅导员金小苗老师。在离开青志那年，陈玄琪作为队长组织开展了新的干部选举大会，在经团队内部的投票和商议之后，陈玄琪把得票最高的一个女生定为下一任队长。金小苗老师知道这件事之后变了脸色，并告诉陈玄琪换届选举这种重要的事情要让老师也参与其中，而不是在事后被告知。经过这件事之后，陈玄琪明白了"学校就是一个小型

社会"这句话。"做很多事情不要自
以为是，要学会与辅导员相处，凡事
问清楚了再做总是没错的。"她笑着
在电话那头说。一直到现在，她依
旧记得金小苗老师当时的教诲，认
真负责地对待自己的每一份工作。

与法学结缘，就在一瞬间

陈玄琪在大学读的是日语专
业，在大三以前，她从未想过自己会
选择攻读法律专业的研究生，由于
父母希望她毕业后能当一名公务
员，她在大三升大四的暑假都在学
校里面准备公务员考试，因为不是
出于自己的喜好，留校的复习效率
并不高。"有一天我实在复习不下去
了，我就找了一个关系比较好的学
姐聊天"，陈玄琪说，没有想到那一次交谈竟然改变了她未来的道路，"那个学姐
的室友当年报考了法学专业的硕士，所以她也推荐我去考法学。"陈玄琪在谈心
后想到自己的叔叔和哥哥都在从事法律方面的工作，如果自己日后从事法学工
作应该能得到些许帮助，于是立刻打电话给自己的哥哥表达了自己想考法学研
究生的想法。得到了家人支持的回应之后，她立刻改变了方向，丢下手中的公
务员复习资料，开始准备法律专业研究生的考试。

当陈玄琪做出这个决定的时候，已经临近大四开学了，她只剩下四个月的
时间准备考试，对于跨专业考研的学生来说，这绝对是一项巨大的挑战。确定
好方向之后，陈玄琪开始一头扎进书本里专心复习。"当时觉得时间太短了，心

里特别紧张，别的什么都不管了，心里就一个想法，我一定要考上。"最开始的一个月，陈玄琪每天晚上十一点半睡觉，早上五点起床看书，等到了第二个月，又把睡觉的时间压缩了一个小时，到最后一个月，她平均每天只睡三个半小时就起来看书。"现在想想再让我那样读一遍我也是不敢了，当时自己想要考上的心思很强，所以白天学习效率也很高。"经过四个月的不懈努力之后，陈玄琪成功被上海对外经贸大学的法学专业录取，从此便开启了人生的法学之路。

国外求学路，有苦也有甜

问及是否后悔过选择法学这条路，陈玄琪的答案是否定的，她说选择法学不代表放弃日语，她一直在坚持着自学日语，并希望能够把日语运用到法律中，能用英语和日语接触不同国家的法律事务。上海对外经贸大学为法学院的研究生提供了对外交流的学习机会，部分学生可以到美国圣约翰大学法学专业学习。陈玄琪坦言，在国内学的是大陆体系的法律，如果能学习到英美法，会让自己对整个法律体系有更完善的认识，得知学校提供了这样一个学习平台之后，她毫不犹豫地选择了这个为期一年的交流项目。

初到美国求学的时候，语言成了陈玄琪学习中最大的阻碍。"突然一下从中文全方位转换为英文授课让我有些不适应，而且我的英语不是特别的好，所以学起来很困难。"圣约翰大学虽然给同学们在一周内腾出两天空余时间，但是陈玄琪却把自己的学习计划安排得满满当当的。而且在日常学习中，除了老师布置的作业之外，学生们还需要自主阅读大量的课外读物。"学期开课之前，老师会把这学期的阅读提纲全部下发，老师不会发邮件提醒，完全是要自己去找、自己去看。并且老师在上课的时候会提问，如果没看的话会很尴尬。"看法律课本不像看外文小说那样理解大概意思就可以翻页了，陈玄琪需要对照着课本翻阅字典，把每一个生词都标注出来。这样巨大的工程往往能花费陈玄琪大半天的时间。"刚开始一个小时只能看十页，但是每次规定的阅读量平均有五十页，基本上都要熬夜完成。"通过长期坚持，她渐渐习惯了这样的阅读量，阅读速度也在无形之中加快了不少。

虽然把大部分的时间都用在专业课的学习上，陈玄琪还是抽出时间参加了学院专门为留学生组织的语言交流的项目，每周和同校的美国学生进行面对面两个小时的交流。经过一学期的练习，陈玄琪的语法和口语能力都有了很大的提升："在交流过程中，记单词的效率比平时要高很多，因为在对话中学到的单词记忆比较深刻，也算达到我来的初衷了，我来的时候就想要提高自己的英语能力。"

现在，陈玄琪已经能较好地融入全英文的学习氛围中，当问及今年12月底学业结束之后有什么打算时，陈玄琪说还没有一个具体的目标："我的家人不太会约束我，未来的计划我还在考虑中，思考项目结束后要不要在美国留一年申请OTT（一年在美国工作的机会）。如果不行的话可能会回国，到上海或者是我的老家宁波工作。"

作为一位过来人，回忆起大学生活时陈玄琪有很多感慨，她认为在本科阶段留有的最大遗憾就是不够会生活，所以她想对在校的学弟学妹们说："希望大家能吃苦也能享受，有一个高品质的人生。"

采访记者：高敏桢

何　璐

2016 年 7 月毕业于浙江工商大学杭州商学院国际经济与贸易专业，研究生就读于英国曼彻斯特大学全球化贸易与产业专业。现就职于费列罗中国上海总部。

常备不懈 顺其自然

——国际经济与贸易专业2016届毕业生何璐谈人生与事业

四年的青春是一部电影

大学,一个班级,几个人,几棵树,几辆自行车,几段故事,就是一部电影,是一半的青春。何璐和我们回忆起她的大学时光时说,最难忘的是她曾经的辅导员王平平老师。那是王平平老师做辅导员的第一年,2012级是她的第一届学生,那一年国贸一共7个班。何璐说:"她陪伴了我们四年,我们也参与了她从毕业工作转换到结婚的人生的重要过程,我们和她的关系非常好,她不像老师,更像我们的同龄人,很幽默,很随和,甚至会和我们聊聊八卦。我很怀念在教工路的日子。"她回想起当时的国贸班级觉得,四年的团支书生活是一段非常美好的时光,让她对这个班级充满感情,因此,班级的氛围和凝聚力一直是她的骄傲。活动时大家都激情高涨,玩得尽兴,考试周大家也互帮互助,团结一致,仿佛是一部青春电影,讲述着国贸2012级乙班的故事。电影里还有一个人也让何璐念念不忘——他们的生活委员陈佳悦,也是她的大学室友。上任以来她每天都会给同学们发天气预报并附加上一句暖心的话,直到毕业也没有停止,老师们也会收到，他们也会在短信的基础上互动。当我们问到后来怎么样了，她说："很多人号码都换了，渐渐地会收不到短信。"每天一条的问候也就随时间消失了，但是那些回忆永远都还在，甚至清晰到它还在陈佳悦的朋友圈中。后来何璐还和我们分享了一段小插曲，陈佳悦的声音很好听，她喜欢录电台节目，每逢一个同学生日的时候，陈佳悦就会录他的特辑，选上一首寿星喜欢的歌，说一句"祝你生日快乐"。除了班级，何璐还有一段自己想要述说的故事，她说她十分热爱青年志愿者协会，青志的每一场志愿活动都是她最倾心的付出。然而她印象最深刻的是在丽水支教的日子，那里的孩子和那里的风景都让她念念不忘。2014年是丽水支教团第十年来荷地镇小支教，那一年何璐以队长的身份来到荷地小学，用"爱的发声练习"教孩子们感恩。她表示那是一个很有意义的地方，直到现在她仍和当时的小朋友保持联络，项目刚结束时还有好多孩子会给她来信，她也会一一回信，直到后来地址变了，便断了联系，不过得知他们是搬去了县城也就安心了。无论后来怎么样了，只要得知他们是更好了，她就开心。

成长的痕迹令她不再稚嫩

结束了四年的本科学习，何璐和很多人一样决定出国读研，不一样的是她在出国之前给自己安排了一场实习。在世界500强的罗伯特·博世有限公司（以下简称"博世"）实习，是一次尝试也是一次历练，何璐很接地气地告诉我，当时她去上海实习，工资远远低于她的房租成本，但是她很看重那次机会，非常希望自己能留下来。所以她感恩她的导师陪伴她走过那半年的时光，同时她更感谢这次的实习机会让她感受到了外企的氛围和环境，让她明白什么样的工作才是自己喜欢的。她在博世的时间也面临了是否要留用的困境，帮她走出那个心理困境的是她的冷静和理智选择。无论留用与否，这段日子仍是最宝贵的经历。用何璐自己的话说就是："在博世的实习含金量很高，博世规模很大，我当时是以一个在校生的身份去感受这样的企业氛围，感受它的流程、管理、规模。它是我的一次人生体验。它让我清楚地知道我喜欢外企的环境。"谈到留学的经历时，何璐表示国外经历有开心也有痛苦，开心的是她如愿以偿地拿到了offer，还有了一群知心朋友，她们会一起做饭，很平淡但很甜，也会一起旅游，很浪漫很疯。其中何璐感触最深的是独立，和国内熟悉舒适的环境不同，一个人在国外很孤独，遇到棘手的事会变得更加无助，这是成长也是收获。如果要说到痛苦，无疑就是学业了，和国内不同，国外"严出式"的教育方式让学习变成完全是自己主动的行为，比较开放的学习过程会让突然转变的人无所适从。让她印象最深刻的是第二学期的期末，当时有8次论文形式的考试，她连续通宵了一个星期，度过一个"黑色的期末"。和国内的学习过程相比，自控力在国外显得更加重要。在国外的一年，何璐还去了一个自己永远也不会忘记的地方——非洲乌干达，为期一周的学校课程实地考察，学校带着他们去做了很多不可思议的东西，比如说，他们和乌干达贸易部部长坐在一起开会、参观一些工厂和他们的政府、参加一些非政府公益组织，甚至和他们的组织领导人简单地聊天，也接受了他们的款待。这些经历为她的人生简介画上浓墨重彩的一笔，同时也是她努力的收获。何璐坦言道："这些事我都是带着目标去做的,最后我都是顺其自然地做了下来,这是我追求的状态。"

走出舒适圈才是她追求的舒适

何璐身上最大的优点是未雨绸缪,她的规划做得很及时,决定做得很果断。结束了一年的英国留学后,她在去年 8 月底回国,实际上早在准备毕业论文的时候,她就已经开始准备实习的事了,从回国到开始工作,何璐在家里待的时间前后不超过一个月。她表示:"我不是很希望自己回国后在家待很久,我们家在台州,能感受到生活节奏会偏慢,而我不希望空闲下来,所以在家里待了半个多月后,我就来了上海,中间没有空太长的时间,时间长了的话惰性会生长,越往后开始的就会越棘手。"

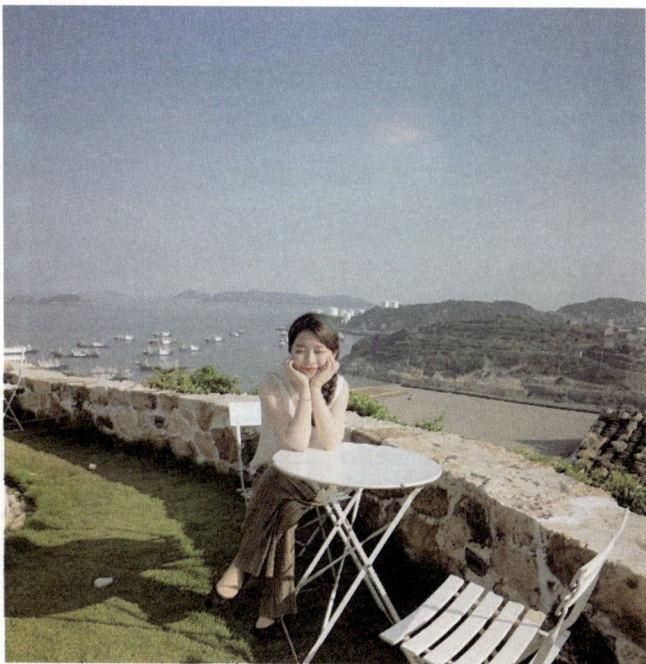

何璐就职于上海费列罗公司（以下简称"费列罗"）的新品研发部门，采访两周前她刚完成公司内部的岗位调整，调整之前是在销售部门，对于岗位调整，她也有自己的想法："我不想只做一个支持性的工作，我想要自己去做一些事情，所以我选择了岗位调整，不是说觉得自己之前的工作做得挺顺的就满足了，我觉得反而我做得顺了，我的定位就固定住了，可能就没有什么上升的机会了，所以我才会选择转一个部门，重新开始，接触一些别的东西，这也是我和我的前boss说的，他也很乐意我自己主动地去调整，其实真的遇到一个好老板的话，他不会限制你，反而会帮助你，让你去做自己的选择。"在博世实习时，何璐就确定了自己喜欢的东西。说起当初投简历的时候的心情，她说："找工作的时候我选择的都是快消行业，食品、化妆品都接触过，最后很幸运地进了费列罗，一路走来，这些都是我自己的选择。"

费列罗的工作是紧张而又充实的，当我们问到何璐是如何面对压力的时候，她表示："一方面，有价值的工作一定是会有压力的，首先自己要有一定的抗压能力，想做好一份工作一定要给自己压力，没有压力的工作就是虚度时光，我抗压能力还可以。另一方面，我也热爱我的工作，很喜欢快消这个行业，也很喜欢我们这个团队，所以不会觉得很苦。如果一定要说到解压的话，周末上海还是会有很多消遣的方式，我喜欢去展会上拍照，也会去看电影、看话剧，和朋友一起吃吃饭。"

在聊天中我们发现，何璐是一个有明确目标和计划的人。她表示，每个阶段她都会给自己目标和动力，要求自己不满足现状，努力走出自己的舒适圈。既然她不能预见事情的结果，那么她就要做到最好。她希望在以后的时间里，可以接触更多不同的东西，甚至是跨行业的知识。她认为，既然年轻就做年轻人该做的打算。何璐用她自己的经历恰到好处地诠释了努力与选择。

何璐的身上体现的是恰到好处的自我认知、自我选择和自我培养，正是这份恰到好处造就了现在的她——独立的自我选择和独立的自我坚强。

校友说："不要被已有背景限制，有时候选择需要勇气，不需要顾虑。放弃在百分之九十九的情况下都是不可取的。你永远都不知道你最后会走到哪里，哪怕你计划得再好,你的计划也不会告诉你这一步你可以走多远,只有走出去了你才能知道。在已有的时间去尽可能地提升自己,拿你的努力去告诉别人,虽然我不是名牌大学出来的,但是我同样有能力完成那些事情。"

我们还年轻,没必要过早地标榜成功。

采访记者:洪纯愿　高敏桢　陈闻远

林夕

///

2016年7月毕业于浙江工商大学杭州商学院国际经济与贸易专业。现为资深时尚博主、模特，服装公司总经理。

八年创业 人生超越

——专访国际经济与贸易专业2016届毕业生林夕

商院的四年育商

　　林夕学习的是国际经济与贸易专业,但是她的学习之路却与很多大学生截然不同,她在学习之余创业,在创业中学习。正如她自己讲的:"可能关于专业知识我没有学得特别多,学到更多的是创业的经验和书本以外的知识。"因为高颜值加上创业的成功,优秀的她在学校里有很高的知名度。她在大一下学期的时候就开始在学校里做代购,凭借学校女生占多数的优势,销售进口化妆品和护肤品,在保障货源的基础上进行宣传,提高知名度,渐渐地她的生意越做越大,成为日销600单的校园红人。林夕还回忆道,在大学期间她也开设过讲座,和同学分享自己经商创业的故事。提到讲座,这是林夕在大学里挺骄傲的一件事,她还表示希望有机会能看到当年的讲座视频。这段经历是她在大学四年里最难忘的,也正是这份经历为她后来的创业之路铺垫了路基。当我们追问学校是否为她提供过帮助时,她是这样说的:"最感谢的还是学校给了我相对宽松的环境,默默地支持我。正是这样,才给了我从一名普通大一新生转变成一个美妆店店主的机会。"创业的成功不是一蹴而就的,要多年的积累,也要经历成功后失败,失败后再成功的过程。

新领域的开拓

现在许多大学生在校期间就开始实习、打工,或者凭借特长进行创业,赚取自己的生活费,四年前还在校读书的林夕也是如此。当时,除了美妆店店主,她还有另一个身份——模特。入门模特行业,是因为热爱也是因为自信。从一步步参加比赛,经过自荐、学习,最终成了一名优秀的模特,这过程中的艰辛可想而知,而林夕积极面对生活的态度使她找到了更适合自己发展的领域。新时代的年轻人有着很多拼搏、奋斗的机会,正因这样,林夕不断学习、不断尝试新的领域。正像她自己在微博所写的:"我知道每一个新的起步都是艰难的,'失败'二字于我并不是什么坏事,无非又是一个总结经验、再从头来过的过程。"得益于接触模特行业,在从事模特工作的时候,她又发现了新的商机。凭借自己独特的审美和品味,她开始在网上经营服装店。林夕说,当初自己一个人摸索着开淘宝店,开了关关了开,老粉丝也跟着她换了一家又一家店,现在的成功也是在不断尝试中摸索出来的。没有一站到底的成功,只有不断失败、反复尝试的努力。

自我的追求

"我一直很相信命运,相信每个人都有自己的时间轴,只要一直向前走,总有一天会到另一个节点的。"这是林夕写给她粉丝的话,也是她勉励自己的话。现在有很多微商、代购,有很多模特、美妆博主,也有很多服装店店主,但是很少有人能够担任所有的角色。与很多人的好高骛远不同,林夕是一步步地走来,一步步地踏向更高更远的舞台。她本可以安逸地做一名美妆博主和模特,与大家分享自己的日常,但她没有,她有着自己更高的眼界——成立公司,她想证明自己还有潜力，还有深入其他领域的能力。对于对未来有着迷茫，想要自己拼搏的我们，林夕的八年经历给了我们启发：趁年轻，多尝试，而不要在原地等待机会降临。有时间那就多读点书，有实力就寻找商机、自主创业，要涉猎更多的领域，找到属于自己的舞台。这是林夕用自己的成功给出的真诚而精辟的寄语。

采访记者：范舒雯　朱童欣　陈闻远

马天使

/ / /

2016 年 7 月毕业于浙江工商大学杭州商学院国际经济与贸易专业。资深美妆博主、模特，服装公司总经理。

比成果更重要的是态度

——国际经济与贸易专业2016届毕业生马天使这样说

"如果能一直做自己想做的事情，即使它的回报来得晚一点也没有关系。"从就业到创业，从国贸到设计，从摄影到模特，她跨越了一个又一个维度，"初心、热爱、执着、梦想"是她的代名词。2016届国贸专业毕业生马天使，一个曾经不顾一切追求美好的元气少女，如今仍在追求时装独特生命力的道路上不断奔跑着。

改变与坚持

刚毕业的马天使试过按部就班地在外贸企业实习，试过在杭州和朋友合开服装店，但结果都不太理想。最终，她选择回到慈溪，回到这个她生活了十几年的地方。由于之前的模特经历，她便先在一家名为"FANNIU"的定制服装店以模特的身份开始了工作，渐渐地，她发现自己对时装的热爱越来越浓厚，于是决定与老板合作，成为该家店铺的合伙人之一。

随着电子商务的普及，消费者在网上购物时的选择也越来越多，但马天使仍一直坚持使用进口的优质面料,纵使价格相比同类产品要高,小店却因为良好的质量和特别的设计,拥有了一批固定客源。由于店铺内服装皆偏向成熟风,那些和蔼可亲的"妈妈粉"就成了马天使工作中的一大动力,她也会经常将穿着店内服装顾客的街拍图上传到微信、微博、LOFTER 等平台,以吸引更多的顾客。一家简单的服装店,虽然不大,却充满生机,值得马天使用心呵护它成长。设计、打样、修改、搭配、拍摄,这些外人看来重复而繁杂的工作,占据了她生活的大部分。但对她而言,高强度的工作并不会让她感到痛苦,她反而乐在其中。马天使说,设计出漂亮的衣服是变美,搭配出合适的穿搭、拍出好看的照片也是在变美,"我享受把事物变美的过程"。

坎坷与动力

"创业的时候遇到阻力几乎是不可避免的,但坎坷从另一方面来讲,也是一种动力。"当问及创业过程中遇到的困难时,马天使突然打开了话匣子,与我们分享起了她的一些创业小故事。为了给上新预留时间,反季拍摄几乎是不可避

免的工作。在寒冬拍摄夏装，在烈日下身穿长袖，为了拍摄，还要做好面部表情管理。没有空调，拍完一套就赶紧跑回车里换下一套，要是碰到出差去外地拍摄的情况，就更要讲求效率，一天换三十多套衣服是常有的事。

"我们也有想过开新的店铺，尝试一些年轻人会喜欢的东西，比如小清新风格，但是淘宝不会分流给你，除非你大量地砸钱。"作为一家老店，怎样维护住原有的客户，同时吸收更多新的客户，其实是一项非常大的挑战。老客户稍有不慎就会流失，而对于新客户，或许她们的收藏夹中早已有了固定的几家店，"现在我们的挑战就是要从别的店铺抢客户，这是最难的"。

在经营过程中，还经常会碰到一些很难沟通的顾客。淘宝的七天无理由退换货保障了大多数买家的权益，但也让一些人钻了空子。总是会有顾客以各种奇怪的理由要求退换货，情况好时，卖家只要对衣物进行回收，情况不好时，遇到衣服破损，甚至穿了半个月再来申请退货的，这些损失只能自己承担。虽然创业时总是麻烦不断，但马天使的热情从未减淡，"我相信一切都在慢慢好起来"。

态度与收获

就读杭商院期间，在社团联合会外联部的经历成了马天使的一段深刻记忆。顶着炎热的天气出去拉赞助，收到的拒绝总是比同意要多得多，但在那段日子里练成的"厚脸皮"和能说会道的本事，就算是到今天，也依然在工作中发挥着不小的作用。

除了在校园组织中历练，一般大学生们会做的兼职，马天使也都做过，如当咖啡厅服务员、发传单，当她尝试得越多，就越能感受到赚钱的不易。就业是如此，创业更是如此。虽然自己为了梦想选择了创业，但马天使还是建议学弟学妹们在没有明确的人生目标前，先选择就业。先把基础打扎实，在就业中学习、体验，等明确了方向以后，再决定接下来的人生计划。即使已经踏入社会多年，马天使仍在不断地学习新的事物，为的就是能跟上时代的步伐。她反感那些嘴里喊着创业,却整天游手好闲的人,因为大学是一段无比珍贵的时光,她认为最重要的还是明确自己的目标和态度,当你有多余的精力时,可以去尝试着创业。在她看来,大学已经相当于半个社会,学习和工作,随着时间流逝,已经没有那么明确的界限,可以慢慢把握、慢慢摸索,但永远不要为了急于求成而失去了对梦想的态度,只要你努力了,那么那些该来的一定不会迟到。

2016年本科毕业的马天使依然记得她大学时代进出口贸易实务课的老师黄明朗,她夸赞黄老师上课时经常会分享一些有趣的"干货",学生上他的课永远不会觉得枯燥。"关于大学时代的美好记忆还有很多,很怀念那时候大家一起上课、一起回宿舍的日子,希望校庆的时候能够有机会回母校看看。"

采访记者:沈　欣

陈　勇
徐焕景
戚仕程
金　鑫

／
／
／

2016年7月毕业于浙江工商大学杭州商学院国际经济与贸易专业。陈勇,现就职于浙商银行青岛分行风险管控部。徐焕景,现任中国平安财产保险股份有限公司浙江分公司车险服务部经理。戚仕程,现为外企职业经理人,曾为欧莱雅集团管理培训生。金鑫,现为首开集团管理人员,同时就读于西南交通大学管理工程与科学专业,曾任米仓打工网的运营总监,是国内最大自行车外贸企业的业务骨干。

杭商"国贸四侠"的"社会经"

——专访国际经济与贸易专业2016届毕业生陈勇、徐焕景、戚仕程、金鑫

校园生活是简单的,是纯粹的;青涩的学生是质朴的,是单纯的。步入社会的大染缸后,随之而来的是行色各异的人、诸多繁杂的事。

下面这四位杭商青年在社会这一大染缸中准确地定位自己,用不同方式继续在职场上续写着"国贸四侠"的故事。用心去观察,用头脑去思考。他们拥有他们特有的"社会经"——有目标、有头脑、肯实干。

立志如山,行道似水,做坚韧不拔的奋斗者——陈勇

"生命不息,奋斗不止!"一直以来都是陈勇的人生信条。从踏入杭商院的那一刻,激情与活力的"90后"标识在他的身上表露无遗。无论是在班里活动,还是学校社团活动中,总能发现他的身影。

作为杭商院学生党员办公室的副理事长,他先后在教工路社区文化节、桐庐校区晨跑队等社团活动中留下印记。四年的大学时光无疑是陈勇人生旅途

中浓重的一笔。大学的四年里,他始终活跃在校园活动的第一线。先后组织学生党员办公室开展杭商院首届社区文化节、寝室美化大赛,创新性地建立"党员先锋工时制"。党员活动在他的奋斗下,总是开展得有声有色,不仅得到了广大学生的赞许,也得到了时任党委副书记严毛新老师和学生党员办公室指导老师赵庆的认可。"党寄予心,你我同心"作为学生党员办公室的口号,始终萦绕在教工路校区的每一个角落,使教工路校区形成人人争先锋,人人当模范的氛围。

2016年他以校优秀毕业生的身份就职于浙商银行。快节奏加高压的职业生活始终无法磨灭他激情四射的活力。入职培训刚结束一个月,陈勇就在浙商银行600多名校招大学生中脱颖而出,获得浙商银行"校招大学生优秀学员"的称号。如今的他依然在浙商银行的职业海洋中畅游,从籍籍无名的柜面人员成长为把控银行风险的管理人员。他的每一步都迈得坚定而扎实。2019年6月,他通过自己的努力,以内调的方式成功地从浙商银行杭州分行调动到新筹建的青岛分行,以一名新设机构"创业者"的身份加入青岛分行发展壮大的队伍中去。

他始终充满激情,始终充满活力。在筹备高强度的2014级新大学生入校迎新活动时,即使疲惫已经挂在他的脸庞,但他的内心始终斗志昂扬,充满战斗力,给予身边人员一种震撼。正如他所说:"生命不息,奋斗不止!"

做一个有野心的实干家——徐焕景

"痛并快乐着"是徐焕景认为目前来讲最适合形容自己人生状态的一个词。对于现在正处于事业上升期的徐焕景来说,相比较于每天准点下班,在浩浩荡荡的堵车大队中欣赏杭州的落日余晖,他可能会更习惯晚上十点钟办公大楼外亮起的暖黄色灯光。徐焕景管理着平安保险全浙江的车险销售队伍,日常工作就是推动车险营销,进行相应的活动策划、内容营销以及数据挖掘等工作。高强度的工作压力、多方位的工作内容和快节奏的工作模式是徐焕景工作的常态。徐焕景用他的奋斗经历告诉我们，只有用千百倍的时间去押注，才能为自己的人生上一份真正的"平安"保险。

做一个有规划、有目标的进步生——戚仕程

"按照自己的规划走，当下走过的每一步都是为了自己设想好的未来做的准备。"戚仕程坦言自己的人生全都是自己为自己设下的"按部就班"。他说两年一步的规划是对自己最基本的负责。

未来很长，不打量，不思量，拿什么去衡量人生的尺度？一如戚仕程所言，细查他行走过的轨迹：在杭商两年的国际经济与贸易的国际班经历，两年留学美国完成"2＋2"项目，两年就读于美国马里兰大学顺利修完硕士学位。这都是戚仕程按照自己的规划日程在"顺理成章"中走完的。

现如今,戚仕程又走上了一条外企职业经理人的路,而这也是他在美国读研究生时就为自己定好的。读完研究生的第一年,戚仕程就去了欧莱雅总部实习,当年10月份收到欧莱雅的offer,在当时这意味着戚仕程即将成为欧莱雅的管理培训生,也意味着戚仕程离他的目标——外企职业经理人,更近了一步。戚仕程用他的学习经历告诉我们,只有有规划、有目标的人才有资格不断力争上游,才能比别人先一步拿到通往成功的车票。

做一个有头脑的金钱(商业)捕手——金鑫

"他总是能找到一些别人找不到的或者没有发现的商机。"这是徐焕景对金鑫敏锐的商业嗅觉的最佳肯定。大学时期就曾"垄断"了新生棉被生意的资源,并且成功将"电信卡"营销为学院内市场占有率最大的电话卡,这都是金鑫在商

业贸易行业里的小试牛刀,同时也让他未出学院就能够自给自足甚至还有小盈利。对商业市场的好奇让他在毕业之后依然不断地在商业市场的门道里摸索,创建了自己的O2O平台。天生对商机的嗅觉,使他从不安于现状,也从不将就安逸。有些人喜欢把爱好做成工作,金鑫却特立独行地将工作做成爱好。

金鑫现就职于一家国企,同时也是一名创业者,投资K12、校园营销、电商平台和金融市场。而作为一个"新"新媒体人,金鑫现在也已经创建了自己的公众号。金鑫用他的创业经历告诉我们,拥有一份对生活的创造热情是一件无比幸福的事情。

当年活跃在篮球场上的"国贸四侠"如今都已在各自的职场上大展拳脚,他们正在用他们的经历证明着新一代杭商人的风骨与骄傲。

采访记者:洪运姣　张沈秋

涂佳清

/ / /

2016 年 7 月毕业于浙江工商大学杭州商学院人力资源管理专业，曾任浙江工商大学公管学院研究生会主席。硕士研究生毕业于浙江工商大学行政管理专业。现就职于中国邮政集团杭州分公司。

生命的过程就是奋斗

——人力资源管理专业2016届毕业生涂佳清话事业

　　她担任过浙江工商大学杭州商学院勤工助学中心副主席、演讲与口才协会活动部部长、社团联合会秘书处副部长；她是浙江工商大学公管学院研究生会主席，有一副甜美的嗓音如泉水涓涓细流；她就是来自人力2012乙班的涂佳清。

适合自己的才是最好的

　　选择考研还是就业想必是令很多临近毕业的大学生非常纠结的一个问题。考研与就业，其实是各有得失的；如何选择，主要依据就是对比两者不同，从而做出最佳选择。在距离研究生考试还有半年的时候，涂佳清做出了考研的决定，当时是出于提升自己的学历、增加自身就业竞争力的目的。在备考期间，涂佳清也经历并克服了许多的困难，以强大的信心、不懈的努力和坚持考上了浙江工商大学行政管理专业研究生。那她的考研生活是怎么样的呢？涂佳清说："每个人的学习生活习惯和耐受程度都是不同的，因此在备考期间，要根据自己的情况制订适合自己的学习计划，比如说并不是每天早上七点到晚上十点这种高强度的学习方式都适合每个人，找到适合自己的学习方法至关重要，量身定做的学习计划往往能够达到事半功倍的效果。以我来说，我是个注重睡眠质量的人，如果我这一天睡眠质量很好，早上睡饱后再去自习室，我这一天的精神状态会非常好，也就能达到高效率的复习效果。"

涂佳清给各位学弟学妹的备考意见是："在备考过程中找到适合自己的那个点之后去调整自己的学习计划，可以把一些难度比较大或者是需要高强度记忆力的事情放在你最清醒的时间段里去做。"对于还在纠结是否要考研的学弟学妹们，她认为："如果你还处于大一大二，我认为可以在大学的学习过程中了解自己的兴趣点和以后的就业意向，并且多与父母沟通交流，在任何阶段，父母的理解与支持都至关重要。"对于即将考研的学弟学妹，涂佳清表示："如果备考时间充分并且自身学习底子不错，尽量报考更优秀的学校，一开始不要把自己的目标定得太低；如果备考时间有限并且认为考研难度偏大，这个时候应选择一个自己比较有把握的学校和专业。在考研这条路上，选择有时候和努力同样重要，并且选定了就要毫不动摇地坚持下去。"另外她认为前期工作是非常重要的，不要像无头苍蝇一样，要先了解你要报考的学校、专业近几年的国家线、学校复试线、专业的录取率等数据。

大学是人生的关键阶段

大学校园是一个培养能力的好地方,大学期间也是一个提升能力的好时期,在涂佳清看来,培养团队合作能力、组织领导能力和人际交往能力至关重要,这三种能力能为以后的学习、工作奠定良好的基础。在大学,有许许多多的机会能锻炼自己的能力,要不断提升自己。例如涂佳清在演讲与口才协会当活动部部长的时候,她曾负责过300多人参加的全校性的新生辩论赛。作为负责人,她既要在大的方面上做出安排,也要在小的细节上考虑周全,这样的经历也让她的能力得到锻炼。最后她说:"如果能认真度过大学时光,相信你不会留下什么遗憾。"

采访记者:郭芸冰　洪纯愿

王李杰

/

/ /

/ / /

2016年7月毕业于浙江工商大学杭州商学院资源环境与城乡规划管理专业。2017年创办安吉木争装饰有限公司,担任公司设计总监,其间创作作品50有余,各个作品均获得业主的肯定与褒奖。带领公司获得2018年度"安吉金牌商家"称号,本人获2018年度"安吉杰出青年设计师"称号。

用画笔勾勒人生的碧海蓝天
——记资源环境与城乡规划管理专业2016届毕业生王李杰

人生的道路虽然漫长，但一定要在紧要处迈出两步，特别是在年轻的时候。一支笔虽不能指点江山，但他却用此勾勒出自己人生的碧海蓝天，他就是浙江工商大学杭州商学院优秀毕业生——王李杰。

品读书海之芳香，寻觅人生之方向

当初选择资源环境与城乡规划管理专业时，王李杰只是凭借自己的感觉，单纯地认为这个专业对将来找工作会比较有帮助。进入大学后，他没有丝毫的松懈，通过建筑学和景观设计这两门学科的学习，发现了自己真正感兴趣的职业，确定了自己想要做的方向，这也间接地为他从事室内设计师这一职业做了铺垫。

在他看来，大学最主要的任务还是学习，务必要认真地完成学业，在完成学业的基础上拓展一些课余生活，比如去某个公司实习、学习某种技能、考级等，还可以做点其他自己感兴趣的事情，或许能够在这个过程中发现自己今后的工作方向。

实践出真知，努力释坚持

在王李杰还没毕业的时候，就出来跟着师傅学习室内设计，他很少以学生的眼光看待自己。拜师学习的过程中，师傅教会了他很多，也正是因为有了这么一个好的领路人，才将他引领到了正确的道路上。他也深刻地明白了"纸上得来终觉浅，绝知此事要躬行"这一道理。

大学毕业后的生活，王李杰用"悲惨"来形容。他清楚地记得当时的工资是一个月 600 元，在杭州，这个收入真的是无法生存，也就只能硬着头皮问家里要钱，在那一段时间，生活、经济都给他带来了巨大的压力，但他还是坚持克服了这份困难。毕业后半年，王李杰来到杭州一家小的装修公司上班，又用大概一年的时间来扩充自己的知识面。最后在 2016 年 3 月份，他从杭州辞职回到老家安吉，创办自己的设计工作室，一直营业至今，其间大大小小的项目做了有几十个，一直正常经营着。

领略生活百态，积累创作灵感

谈及设计行业的就业压力时，王李杰认为这个行业的起步比较困难，设计专业的同学出来之后会经过一个漫长的跟师傅学习的阶段，而且这个阶段基本没什么收入，同时加班基本是常态，所以一般很难坚持下来。每接手一个项目都很具有挑战性，因为每一个客户的性格、想法、需求、期望都不是一样的，把每个项目都做到让客户满意对设计师来讲比较困难。

在空闲的时间，王李杰会去参加设计讲座，通过大量的学习、观察，从日常观察到的和接触到的一些事物中积累灵感，从而应用于新的创作中。他认为实干、坚持、专一、换位思考的能力对做好这份工作来讲是非常重要的，有了一个良好的工作习惯之后，将来不管从事什么工作，都会是这个行业的佼佼者。

"成功的花，人们只惊羡它现时的明艳；而当初的芽，却浸透了奋斗的泪泉，洒满了牺牲的血雨。"经过时间的磨炼，与刚入职场时相比，王李杰认为自己沉稳了许多，能够踏踏实实做一件事。在他的生活中遇到的一次次困难，也成为成功的积淀，也正是一次次的坚持，使他的碧海蓝天能够愈加广阔。

采访记者：郑子昂

王舒蕾

///

2016 年 7 月毕业于浙江工商大学杭州商学院英语专业，研究生就读于伦敦大学学院建筑项目与管理专业。现任职于京东上海分公司时尚事业部。

人生不设限，用热爱去证明
——记英语专业2016届毕业生王舒蕾

　　敢于尝试新鲜事物的王舒蕾从本科到研究生，再到工作的过程中克服各种困难，二跨专业，只为追寻自己真正的热爱。优异的本科成绩和丰富的课外实践让她成功拿到多所世界顶尖大学的研究生 offer，比旁人更多的努力与付出让非科班出身的她在互联网行业也干出一番成绩。然而王舒蕾却不满足于此，未来道路尚长，她不设限的人生还有无限种可能。

出于偶然缘定京东

　　目前王舒蕾是京东上海分公司时尚事业部的管理培训生（以下简称"管培生"），管培生是企业为了培养日后管理层人员而专门设置的岗位，因此公司会对管培生定做一套更为系统的培养体系。王舒蕾的工作方向偏产品运营，工作内容繁多，主要有分析每日 App 端的客户总流量、浏览量；设计和优化界面以吸引更多的客户；和商家及客户交流，营造更和谐的电商平台；策划各种各样的电商活动，比如产品的折扣、营销的方案。这些都需要经过王舒蕾和小组同事的多次讨论才能形成方案。"我们部门的工作需要有想法，技术倒是次要的，比如制作一款吃饭的叉子，我需要写出叉子的弧度是多少，颜色是怎么样的，用什么材质，然后传达给技术人员，他们会根据你的方案把叉子制作出来。"

　　谈及为什么会选择互联网行业、为什么会留在京东时，王舒蕾笑称是因为和京东有缘分。刚回国不久的王舒蕾对国内的就业消息了解不多，没有像其他应届生那样广撒网，只是凭着自己的爱好投了几份简历。她坦言自己当初并没有想过从事互联网行业，而且当时应聘的几个房地产企业都向她抛出橄榄枝。"当时想要去离家远一点的地方，不想一毕业就待在自己的舒适圈里，所以就放弃了。"听到京东集团的时尚事业部正在招募应届生的消息时她有了一丝心动："每个女孩小时候应该都有梦想过当一位时尚编辑吧，我从小就学画画，感觉自己的审美也不错，就挺想试试这份工作的。"令王舒蕾惊喜的是，经过五轮面试之后，毫无互联网技术专业知识的她竟然通过了层层选拔成为时尚事业部的管培生。"我觉得这是一种缘分吧，每个单位招人的标准都不一样，因为他们需要的人才类型不同，京东的面试官还是会看一个人的逻辑思维能力、学习能力、人际交流能力。工作之后还需要学习很多东西，可能你目前的专业有时候并不会那么重要，主要是看你有没有清晰的逻辑思维，能不能较快地接受新事物，能不能搞好团队之间的合作和做好上下级的沟通工作，等等。或许是我的综合素质在面试中被看中了吧。"

本科到工作，两跨专业不在话下

做好这份被身边好友羡慕的工作却需要付出许多努力，由于非科班出身，刚开始工作时很多技术性的问题让王舒蕾无从下手。因此，在每天繁忙的工作结束之后，王舒蕾回家还要继续练编程、学技术。就这样边学边工作，渐渐地王舒蕾已经可以独立解决基本的技术问题了。除此之外，她坦言写方案需要有很多想法和灵感，而且每一次的策划都要避免与前几期产生雷同。"我们对接的主要都是开云集团、Chanel母公司等品牌方，奢侈品公司一般比较反对常规电商化的营销，要考虑它的品牌特性，不像普通电商那样可以搞很多活动，比如大甩卖之类的，所以我们的工作要比别的部门更费脑力。"每当才思枯竭的时候，王舒蕾会浏览很多国外的网站，翻阅大量资料找到新的想法。实际上王舒蕾并不是第一次面临专业不对口的问题了，但是每一次，她都通过自己的不懈努力与摸索，去适应新的环境，掌握新的技能。

大四那年，王舒蕾申请上了伦敦大学学院和伦敦政治经济学院这两所英国排名前五的大学，最后她因为爱好选择就读伦敦大学学院的建筑项目与管理专业。"我本科是学文科的，就想研究生学一点理科的东西以后好就业，当然建筑也是我的爱好所在，因为我从小就学画画。"开学之后王舒蕾发现同班同学本科修的都是理工科专业，只有她一个人是文科专业的。本科没有学习过专业知识，再加上语言的问题，王舒蕾坦言第一个学期承受了很大的学习压力。为了能够跟上课程进度，她养成了提前预习的好习惯，"刚开始是被逼无奈，怕自己毕不了业。如果不提前预习的话根本听不懂老师说什么，所以我每堂课前都花很长时间做摘要，查生词……"她打趣说那段时间学习辛苦到发际线都变高了。通过她的努力与付出，王舒蕾不仅顺利毕业，还凭着自己优秀的能力得到了一份世界五百强企业的实习机会。很多人总是害怕改变，而王舒蕾的魅力就在于她敢于突破自己，尝试新鲜事物，并为自己所热爱的东西不断奋斗着。

全方面发展的优质女孩

在大学里，王舒蕾是班级的班长、学院文艺部部长，也是校合唱团的一员。大学四年内王舒蕾跟着合唱团参加了各类国家级、省级的比赛，均获得了不俗的成绩。除此之外，王舒蕾还参加了各种各样的志愿者活动。"我曾经去小学当过志愿者，报名学校青志的义工活动，毕业那年还报名参加了斯里兰卡的国际义工活动。"说到这些志愿活动的时候，王舒蕾的脸上露出了微笑，她认为做义工能给自己带来很大的成就感。虽然课余生活安排得满满当当，王舒蕾却没在学业上有任何松懈。在她看来，在学习英语的过程中，语言积累很重要，但是学习方法也绝不能忽视，平时王舒蕾会阅读很多英美文集积累词汇和语法，期末备考时，她会停掉所有的工作潜心复习。"准备考试其实也是有技巧的，哪些东西会怎么考，该背的背、该记的记，不要浪费时间看不考的东西，这样才能做到事半功倍。"除了本专业学习之外，她还辅修了新闻学专业，也获得了优异的成绩，这不但让她掌握了一门新知识，同时也为研究生申请提供了一份帮助。大学期间王舒蕾拿到了两次学业一等奖学金，两次学业二等奖学金。

谈及大学生活，王舒蕾说令她印象最深的人是钟含春老师："她是陪伴我三年的老师，她是一个特别直爽的人，她对知识的本身是非常尊重的，她的课很有趣，也能抓住重点，她清楚每个同学的弱点和优点在哪里，会和我们交流并提意见，告诉我们不论在哪里都要好好学习，她对待我们就像孩子一样。"除此之外，与艺术团同学们相处的时光也令王舒蕾十分难忘："我和艺术团的同学交流比较多，因为那时候是在下沙校区，所以很多都是浙江工商大学本部的同学。期末的时候会一起复习，大家都非常正能量，非常努力，和他们相处之后我知道了要勇于和优秀的人比肩，不能荒废时间。"

过好当下才能不畏将来

当问到王舒蕾未来的计划时，她说未来可能会在产品运营这方面生根，也想要尝试去做时尚方向的咨询，当然如果未来有更好的机会也可能会选择跳槽。"早早地预定好一个目标然后去实现对于某些人来说是一件很酷的事情，但我没有办法去预期未来，如果把未来定得那么死我会觉得每天都会很拘束，我没有给自己设限，想要全方面发展一下。"虽然对于未来的发展道路没有明确的目标，但是工作中王舒蕾对自己的要求很高，每个工作阶段她都会给自己定下小目标，如要完成多少份策划，要达到什么样的成就，她认为年轻的时候可以多拼一拼，实现一定程度上的财务自由，未来才有更多的机会去干自己喜欢的事情。

作为过来人，王舒蕾也有很多话想对在校的学弟学妹说。"不管你是怀着什么心态到的这个学校，都请不要把它当作人生的终点，而是一个新的起点，人生的路还长。大学生活中要抓住你能抓住的机会，多读书多体会，而不是在寝室里浪费时间，努力去成为自己想成为的人。在任何时刻都要认真对待自己要做的事，现在你的身份是学生，所以即使再喜欢旅游、再喜欢打游戏，请不要忘了学习才是本职，不论如何都需要把它放在第一位。"

采访记者：高敏桢　张沈秋

翁露露

/
/
/

2016 年 7 月毕业于浙江工商大学杭州商学院人力资源管理专业。现就职于猎聘网。

挑战自己　永不放弃

——人力资源管理专业2016届毕业生翁露露一席谈

初见翁露露，她的脸上挂满了微笑，莫名的亲切感很快拉近了距离。她有条不紊地安排着工作，忙碌的身影让我们看到了一个年轻有为、有亲和力，也很有责任心的职场女性。

采访伊始，翁露露通过与我们比较互联网招聘平台，向我们介绍了她所在的猎聘公司——高端互联网招聘平台。同时她还给我们解释了公司与猎头的关系。翁露露告诉我们，工作之后每天都会遇到各种各样的问题，但是我们必须要学会去克服这些困难，对于刚入行的新人而言，每天可能都会想着放弃。她以自身经历为例，告诉我们社会和学校最大的区别就是要学会吃苦和忍耐，对于自己的工作，永远都不要问"为什么"，作为刚踏入社会的新人，也许是不会理解老板所想的是什么的。

确认目标，砥砺前行

翁露露给我们讲述了她在工作中曾碰到的一个实习生的故事。以个人的经历告诉我们,在毕业之际,我们一定要先认清自己的目标,明确自己想做什么。对于目标没有那么明确的同学,翁露露提出了两种方法:一是在做选择时一定要给自己明确的心理暗示,"我已经认识清楚了";二是基于自己的专业,选择一个自己相对没有那么讨厌的工作干三个月。

如何在大公司和小公司中做出抉择? 翁露露建议应该尽量选择大平台,因为不同的平台所接触的人完全不同。相对于环境舒适的小公司,大平台更加稳定。我们应尽量选择大平台,接触更多优秀的人。

敢于提问,态度积极

翁露露建议,在面试时应当敢于接触自己的直系上级,因为选择一个好的上级,直接关乎实习时所能学到多少东西。要让自己的直系上级感到自己的态度是积极的,是乐于学习的,在实习时应当保持高执行率,即使自己并没有很强的专业能力,但是积极主动的学习态度会让直系上级乐于分享自己的经验。

寻找挑战,不言放弃

"我的直系上级在2017年的时候因为一些意外而不能来上班,在完全没有交接的情况下,IT、行政、培训、市场等部门的员工要离职,3月份的时候销售需要大量招人,并且没有实习生的帮助,那时候我需要对接上海、南京和北京,所以当时所有事情都压在我身上,我甚至记不清当时的自己是怎么过来的,每天都大概十一点下班。但是当时并没有什么想法,反而是后来开始多了一些小心思。"翁露露和我们讲述了她自己在工作时所遇见的最艰难的一段时间,以及她在工作中的心态的变化。

回想那段经历,翁露露表示其实她十分庆幸自己熬过了那段时间,那段经历真的让她得到了很大的进步,学到了很多东西。因此,当我们在工作中遇到困难时,我们不应该有太多的情绪,而应该坚持去克服困难。越难做的事情越要做，在你工作的前三年，当一份工作让你觉得你自己很差劲的时候，你一定要去坚持这份工作；但是当一份工作让你感觉很好的时候，那你就要尽快换工作。"翁露露以自己转岗的经历告诉我们，没有什么人是很优秀的，我们需要去寻找挑战，在克服困难中学习和进步。

"实习就是很好的试错"，作为过来人，翁露露和我们分享了自己在实习中渐渐确定自己目标和工作环境的经历，并且告诉我们当对自己的未来感到迷茫或者个人目标还不确定的时候，一定要把握好实习的机会。在实习过程中确定自己所想要从事的行业、发展的城市、工作的环境以及未来的生活状态，一定要把握好实习这个试错成本最低的机会。"想是永远想不出来的，所以要去尝试，做选择之前慎重，选择之后就认真对待。"这是翁露露给学弟学妹们实习时做选择的建议。最后，对于在校的同学，她提出最中肯的建议：多学习，扩大知识面，"腹有诗书气自华"，强调学子以学习为主，当然也要多参加学校活动，锻炼自身能力。

翁露露有着不凡的谈吐和幽默乐观的个性。她用心编织着属于杭商一颗璀璨之星的岁月年华。她不断地完善自我，孕育着大大的梦想，希冀得到更成熟的蜕变。

采访记者：杨　曼　沈铭君　张文谦

赵志影

/ / /

2017 年 7 月毕业于浙江工商大学杭州商学院国际经济与贸易专业,原校辩论队成员。2017 年在考公务员成功后选择了援藏的道路。

跨越4171.1公里的放肆青春

——记国际经济与贸易专业2017届毕业生赵志影

"不放肆的青春不是真正的青春,只不过所有的放肆都要以自己的人生目标为底线。"在考公成功后选择走上援藏道路的赵志影告诉我们,这是他所崇尚的。在中共日喀则市委组织部做科员的他表示,经手的每一件工作都会最直接地作用在人民群众的身上,而人民的生活会因为他们所建议或者执行的点点滴滴的工作而被影响、改变,他始终认为这样的工作使他的生活充满意义。

"企业家"到"公务员",决心走上考公的道路

赵志影当初的志愿是成为一名企业家,甚至这个志向到高中都不曾动摇过。"后来由于家庭环境的因素,看透了商场上的尔虞我诈,所以慢慢就不怎么喜欢了。"赵志影这么说道。不希望自己未来的人生也充满了尔虞我诈,这么想着的他,选择了在另外一个层面上让自己的人生变得有意义,走上了考公务员的道路。

在考公的过程中,赵志影对"千军万马过独木桥"这句话有了深刻的了解,

为了能考上公务员,他几个月都是不断地刷题,看新闻、剖析新闻,听名家解说,每天都埋头在考公资料里。"大部分考公人经历过的我基本都经历过,那段时间真心累惨了,但是能怎么办,选择了这条路就只能咬着牙往前冲了。"

赵志影坦言道,他在第一次考公的时候失败了。"我也不想通过骗你们来给自己树立个百折不挠的形象,第一次考公失败了,是因为自己学习方法不对。"在这条路上走着的时候,赵志影不免听到一些令人丧气的言论。但他心中就是有一个念头无法散去:他希望为国家的边防建设添砖加瓦,而不再是为了金钱而奔波,要在仕途上一展宏图。于是在第二次的考公准备中,赵志影有了经验,分析了重点,给自己做了规划,最终得到了成功。他对我们说道:"那些所谓的考公靠关系的言论,大部分人之所以深信不疑,也不过是想为自己的失败找个借口罢了,所以当你下决心走这条路了就别在乎这些谣言。"

援藏的征程,义无反顾

赵志影在考公过程中曾选择过家乡的公务员,但在考过两次并取得了一个好成绩之后,却放弃了,选择来到西藏。"我觉得这边更能也更需要发挥我的才能。"赵志影说道。

"其实现在西藏的发展程度已经和内地几年前差不多了,虽然还是小有差距,但是也在不断地缩小。"赵志影解释道。西藏早就不是内地人传言中的西藏了,每天的变化可以用日新月异来形容也不为过,而对于那些畏"藏"猛于虎的人,他想说的是,"读万卷书,不如行万里路"是有道理的。

"在这里工作感受最大的就是'有意义'。"他这样告诉我们。赵志影的第一阶段工作是扶贫领域的财务管理,他告诉我们,通俗点说就是"管钱",由于西藏那边的贫困户都不富裕,几乎没有积蓄,所以他们的生活主要收入就是靠扶贫资金,因此,每当需要发放扶贫资金的时候,赵志影就会发现他的"发与不发""什么时候发"将直接影响他们未来一段时间的生活水平及家庭规划。所以每当此时,无论多忙他都会第一时间把钱发下去,因为有可能他们的家庭正急需这笔钱。

"因为你会发现你所经手的每一件工作都会最直接地作用在人民群众的身上，你会发现他们的生活会因为你所建议或者执行的点点滴滴的工作而被影响、改变，而这是一般工作所不能拥有的，这是体制内工作的最大意义。"

对于他的人生道路，赵志影走上了便从未动摇过。

关于对杭商的寄语，赵志影表示：我的母校，感谢您四年的培养，感谢您帮助我抉择未来，愿您在未来的岁月里，恩泽四海，桃李成林。祝您20岁生日快乐！

采访记者：方瑜莎

伍陈多

/
/
/

2018 年 7 月毕业于浙江工商大学杭州商学院财务管理专业，在校期间曾任勤工助学管理中心主席、舍堂党建工作站站长等职务，获省级优秀毕业生。现任职于西藏那曲市嘉黎县监察委员会。

到人民最需要的西部去，她是百里挑一的杭商"援藏少女"

——专访财务管理专业2018届毕业生伍陈多

西藏作为一个旅游胜地，美丽而又神秘。毕业于杭商院的这位学子也被其深深吸引。她认为，援藏不仅能够体验到西藏独特的风土人情，还可以在为藏族同胞们奉献出自己力量的同时历练自己。作为浙江工商大学杭州商学院2018届毕业生，伍陈多现已在西藏基层工作了一年之久。

品学兼优，多方面优势助力面试脱颖而出

在校期间她曾任勤工助学管理中心主席、舍堂党建工作站站长，曾获省级优秀毕业生荣誉称号，并多次获得学校奖学金。刚迈入大学时的她就已十分懂事，从大二开始从未拿过家里一分生活费，大三她自己交了一半学费，大四她自己交了全部学费。这其中，生活费是她兼职做学工助理赚的，学费是用每年的奖学金、国家助学金攒的。这种高度自律的习惯也是她后来能够成为一名基层公务员的原因之一。

在谈及是什么契机让她决定到西藏基层工作时，她说源于偶然。"当时听指导老师在开会的时候提及，得知这个消息后就感到一股热血涌上心头，特别想去西藏看一看。"被激发了冒险精神的伍陈多立马打电话给父母，出于对伍陈多一贯的信任，父母也支持女儿远赴西藏来丰富人生经历。另一方面，伍陈多认为自己是财务专业出身，江浙沪一带对这样专业的需求趋于饱和，住房压力也大，到西藏更有竞争优势，可以最大限度发挥自己的才能。

"面试的时候，作为一名三本专业的学生，谈不上有什么竞争优势。可能是我在面试的过程中，放低了自己的姿态，更多地展示了自己的优点和想去西藏的决心。"谈到面试成功的小秘诀，伍陈多认为除了向面试官展示自己毅然援藏的决心，细节也是最重要的。进门鞠躬，让每一位面试老师看到自己的简历，面试结束后，起身致谢，放好凳子后再次鞠躬。这些看似简单而又平常的小举动，却能够给面试老师留下很好的印象。经过自己精心的准备，她顺利地成为那曲市嘉黎县的一名基层公务员。

初入那曲困难重重，幸运的是仍有温暖

2018年7月22日，伍陈多踏上了援藏的征程。从杭州到西藏，从南到北，跨越4000多公里，缺氧导致的高原反应不断地考验着她的身心。虽然前期对那曲市有了一定的了解，但是一眼望去的荒芜还是令她感到十分意外。那曲市是西藏条件最差的地区，要是下乡出差，经常会遇到没水没电没网的情况。同时，因为住房紧缺问题，她要与另一个女生睡一张床，没有自己的私人空间。没有便捷的交通，没有整洁的公厕，有时她觉得有一种寄人篱下的感觉。但在每一次与家人的聊天时，她不想过多地渲染自己的生活环境与生活状况，只想给远方的家人一份安心。

现在，她从事纪律检查委员会问责监督方面的工作，这与大学所学的财务管理专业知识毫无关联。但零基础的她从开始工作的第一天起，就虚心向前辈请教，认真搞懂工作的每一个流程。她一天的工作时长是14到16小时，周末有时还会加班，在周末上午可以睡个懒觉甚至也成了一种奢望。同时因为海拔原

因，在空闲时间里，她也不能剧烈运动，只能选择做一些不耗费体力的事情。

幸运的是，伍陈多遇到了一群好领导、好同事，他们也成为伍陈多能够顶住恶劣环境和思乡煎熬的动力之一。西藏的民风淳朴，同事们都很敦厚善良，经常帮她分担一些重任，日常生活里大家都相互帮助，生活上或工作中的困难都会一起解决。领导也把她当作妹妹看待，吃饭时领导会给她亲自夹菜，关切她的日常生活，工作上，领导会与她进行深度的沟通与交流，帮她解决工作难题。没有太多职场上的谨小慎微，和这样的领导、同事一起工作让她感受到了家一般的温暖。"平时工作的氛围会很和谐很轻松，没有什么钩心斗角，就像和家人待在一起一样。"她淡淡地笑道。

即使"佛系"，她依然坚信"她的未来不是梦"

"现在我也没什么具体的职业规划。目前算是借调到县上工作，满一年后可能会去乡里，接触更基层的工作，和藏族群众打交道。暂时没有考虑到五年后回不回去的问题，也只能说走一步看一步。"谈及任期满五年后的职业规划，伍陈多更多的是着眼于当下，踏实干好每一份领导交办的工作，积极去思考去创新，不犯大错误。在她看来，将每一件小事做好便已足矣。"不是杰出者才做梦，而是善梦者才杰出。"这是在青藏高原收集了 4000 万颗种子的钟杨老师所说的，也是伍陈多最喜欢的一句话。她不想人生只充满铜臭味，去西藏当乡镇公务员，对她而言是最好的选择。有一分热，发一分光。在伍陈多踏足青藏高原的那一刻，她的内心早就有了答案——五年的青春记忆，用一生去回味！

采访记者：郑子昂　胡心怡